Inteligencia artificial aplicable a entornos 5G

Yolanda López Benítez

ic editorial

Inteligencia artificial aplicable a entornos 5G
© Yolanda López Benítez

1ª Edición

© IC Editorial, 2025

Editado por: IC Editorial
c/ Cueva de Viera, 2, Local 3
Centro Negocios CADI
29200 Antequera (Málaga)
Teléfono: 952 70 60 04
Fax: 952 84 55 03
Correo electrónico: iceditorial@iceditorial.com
Internet: www.iceditorial.com

ISBN: 978-84-1184-904-3
Depósito Legal: MA 935-2025

Impresión: PODiPrint
Impreso en Andalucía – España

Nota de la editorial: IC Editorial pertenece a Innovación y Cualificación S. L.

Índice

OBJETIVOS GENERALES

Los objetivos generales de **Inteligencia artificial aplicable a entornos 5G,** son los siguientes:

- ⮞ Identificar los fundamentos de la inteligencia artificial bajo cobertura de red 5G.
- ⮞ Realizar proyectos de inteligencia artificial y *big data* sobre tecnologías aplicables en entornos de cobertura 5G.

Conocimientos teóricos de la Inteligencia Artificial aplicables a entornos 5G

Contenido

1. Introducción
2. Elaboración de un proyecto de inteligencia artificial y *big data* en entornos de cobertura 5G
3. Sistemas de aprendizaje automático y manuales
4. *Chatbots,* hologramas y robots
5. Redes neuronales y sistemas expertos
6. Gestión de bases de inteligencia
7. Integración en plataformas de terceros, páginas web y redes sociales
8. Resumen

Objetivos

El objetivo general de esta Unidad de Aprendizaje es:

→ Realizar proyectos de inteligencia artificial y *big data* sobre tecnologías aplicables en entornos de cobertura 5G.

Los objetivos específicos de esta Unidad de Aprendizaje son:

→ Seleccionar técnicas de minería de datos para obtener *insights* que permitan a las empresas guiar decisiones estratégicas.

→ Distinguir los tipos de gráficas interactivas que ofrecen los modelos de aprendizaje automático, conociendo el funcionamiento de los componentes de *Orange* como plataformas de *machine learning*.

→ Crear flujos de trabajo en *Orange,* interactuando con los elementos que forman parte de la caja de herramientas de esta plataforma.

→ Preparar un modelo de *machine learning* para ser entrenado, creando un flujo de trabajo en la plataforma de *Orange* con árboles de clasificación.

→ Tomar conciencia sobre la importancia del manejo y aplicación responsable de programas y algoritmos de inteligencia artificial.

→ Aplicar los algoritmos de inteligencia artificial desarrollados a casos de IoT y ciudades inteligentes.

→ Gestionar la resolución de incidencias, conflictos y problemas durante la integración de la IA en plataformas de terceros, páginas web y RR. SS.

→ Tomar decisiones responsables durante la integración en plataformas de terceros, páginas web y redes sociales.

1. Introducción

La era digital está marcada por un volumen de datos sin precedentes. Esto impulsa la necesidad de utilizar tecnologías avanzadas para procesar y analizar los datos con eficiencia y eficacia. En esta unidad exploraremos cómo la inteligencia artificial y el *big data* se integran en entornos de cobertura 5G, permitiendo la creación de proyectos innovadores que transforman la forma en la que los usuarios interactúan con la información. La alta velocidad y baja latencia del 5G proporcionan un escenario óptimo para el despliegue de soluciones inteligentes capaces de procesar y analizar grandes cantidades de datos en tiempo real.

Para construir un proyecto de *big data* es esencial seguir con precisión una serie de pasos, desde la definición del objetivo hasta la iteración del modelo de aprendizaje automático. Comenzaremos por definir claramente los objetivos del proyecto, obtener y limpiar los datos necesarios, y enriquecerlos para descubrir *insights* valiosos. Posteriormente, desplegaremos técnicas de *machine learning* y realizaremos iteraciones para perfeccionar el modelo. Cada etapa es fundamental, requiriendo la colaboración de diversos profesionales del *big data*.

Además de los aspectos técnicos, abordaremos herramientas y tecnologías específicas que facilitan la implementación de estos proyectos. Exploraremos la arquitectura de *big data* y el uso de *Hadoop* en sistemas de aprendizaje automático, así como la construcción de proyectos de *machine legaran* utilizando herramientas como *Orange*. También veremos cómo *chatbots,* hologramas y robots vienen integrados en estos sistemas para ofrecer soluciones más interactivas y eficientes. La gestión de bases de inteligencia, la visualización interactiva de datos y la integración en plataformas de terceros serán temas clave para garantizar una aplicación exitosa en el contexto actual de ciudades inteligentes y entornos IoT.

Para facilitar la adquisición de conocimientos sobre la temática tratada, nos fijaremos en el equipo de trabajo liderado por Marta y cómo pone el énfasis en la gestión inteligente de datos, y en su entrenamiento con modelos de IA.

2. Elaboración de un proyecto de inteligencia artificial y *big data* en entornos de cobertura 5G

👉 HILO CONDUCTOR

De manera práctica, TechCity Solutions implementa sistemas de análisis predictivo basados en IA para prever y gestionar la congestión de la red en entornos 5G, diseñar asistentes virtuales para usuarios finales con capacidades avanzadas de NLP (procesamiento de lenguaje natural) o desarrollar soluciones IoT inteligentes que interactúen en tiempo real con infraestructura urbana conectada a través de 5G.

En la era de la digitalización y la conectividad ultrarrápida que ofrece la tecnología 5G, la implementación de proyectos de inteligencia artificial y *big data* adquiere una relevancia sin precedentes. Estos proyectos no solo aprovechan la velocidad y la capacidad de procesamiento mejorada proporcionada por el 5G, sino que también abren nuevas posibilidades para la innovación y la eficiencia en una amplia gama de aplicaciones.

El siglo XXI ha sido testigo de una explosión sin precedentes en la cantidad de datos generados por individuos, empresas y dispositivos. Este fenómeno ha dado lugar al paradigma del big data, que hace referencia a la gestión y análisis de conjuntos de datos extremadamente grandes y complejos que no pueden ser manejados por las herramientas de procesamiento de datos tradicionales.

NOTA

La capacidad de extraer información valiosa de estos datos ha transformado industrias enteras, desde la atención médica hasta el *marketing*, y ha dado origen a nuevas oportunidades y desafíos en la toma de decisiones basada en datos.

Los datos son el *nuevo petróleo.* Esta frase fue pronunciada por Clive Humby en 2006. Esta metáfora destaca el inmenso valor de los datos en la economía digital contemporánea, comparando su potencial con el del petróleo en la era industrial. Así como el petróleo necesita ser refinado para extraer su valor, los datos requieren procesamiento y análisis para convertirse en información útil y aplicable.

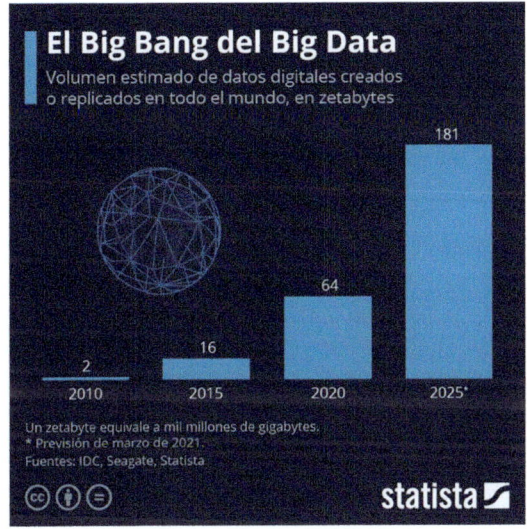

Infografía que destaca el reto del incremento del volumen de datos a nivel mundial. Fuente: Statista

PARA SABER MÁS

El artículo de Rosa Fernández publicado por *Statista* el 4 de enero de 2024 aborda el impacto del crecimiento exponencial en el flujo de datos a nivel mundial debido

Continúa en página siguiente >>

<< Viene de página anterior

al desarrollo de las tecnologías de la información y la comunicación (TIC) y los dispositivos inteligentes. Este aumento ha superado la capacidad del *software* convencional para capturar y procesar datos de manera eficiente, con conceptos como gigabytes siendo superados por petabytes en el ámbito de las tecnologías de la información.

https://redirectoronline.com/ifcd990409

El *big data* ha revolucionado la recolección de información, la infraestructura de almacenamiento, los repositorios analíticos, los métodos de análisis y los objetivos empresariales. Este cambio ha sido fundamental para la evolución de las estrategias de negocio y la toma de decisiones basadas en datos.

Para poder tener una dimensión del impacto de *big data* basta entender la magnitud de 175 zettabytes. Estos representan una cantidad de datos enorme. Compararla con 1 MB nos ayudará a comprender mejor su dimensión. Esta cantidad de datos es tan vasta que supera cualquier escala humana de almacenamiento y procesamiento, destacando la increíble capacidad y la demanda de las tecnologías de almacenamiento y procesamiento de datos actuales. Así, podemos distinguir los siguientes pasos:

⮩ **Paso 1.** Primero, recordamos las conversiones entre las diferentes unidades de almacenamiento:

- ⮩ 1 byte = 8 bits
- ⮩ 1 kilobyte (KB) = 1.024 bytes
- ⮩ 1 megabyte (MB) = 1.024 kilobytes
- ⮩ 1 gigabyte (GB) = 1.024 megabytes
- ⮩ 1 terabyte (TB) = 1.024 gigabytes
- ⮩ 1 petabyte (PB) = 1.024 terabytes
- ⮩ 1 exabyte (EB) = 1.024 petabytes
- ⮩ 1 zettabyte (ZB) = 1.024 exabytes

⊃ **Paso 2.** Ahora, compararemos 1 zettabyte con 1 megabyte:

◐ 1 ZB = 1,024 EB
◐ 1 EB = 1,024 PB
◐ 1 PB = 1,024 TB
◐ 1 TB = 1,024 GB
◐ 1 GB = 1,024 MB

Por lo tanto:

$$1 \text{ ZB} = 1,024 \times 1,024 \times 1,024 \times 1,024 \times 1,024 \text{ MB}$$
$$\approx 1,180,591,620,717,411,303,424 \text{ MB}$$
$$\approx 1,18 \times 10^{21} \text{ MB}$$

⊃ **Paso 3.** Ahora, multipliquemos esa cifra por 175 para obtener cuántos megabytes hay en 175 zettabytes:

$$175 \text{ ZB} = 175 \times 1,18 \times 10^{21} \text{ MB}$$

$$\approx 2,06 \times 10^{23} \text{ MB}$$

⊃ **Paso 4.** Para poner esta cifra en perspectiva, imagina que un documento de Word promedio tiene aproximadamente 1 MB. Ahora, compara esa sola unidad de 1 MB con $2,06 \times 10^{23}$ MB.

 EJEMPLO

Para visualizar lo que representa la capacidad de almacenamiento y procesamiento de *big data* reflexiona sobre las siguientes informaciones, te servirán de ejemplo para comprender la dimensión.

- Si apilamos todos los documentos de *Word* de 1 MB uno sobre otro (del paso 4), la pila sería increíblemente alta, mucho más allá de cualquier medida terrenal.
- Por ejemplo, una pila de 175 zettabytes de documentos de *Word* superaría la distancia entre la Tierra y el Sol innumerables veces.
- Si una persona pudiera leer un documento de *Word* de 1 MB en un minuto, le tomaría más tiempo que la edad del universo leer todos los documentos de Word contenidos en 175 zettabytes.

2.1. Pasos para construir un proyecto de *big data*

Los **insights** obtenidos a través de *big data* son esenciales para que las empresas puedan competir y prosperar en el entorno actual. Al seguir un proceso estructurado de recopilación, almacenamiento, procesamiento, análisis e interpretación de datos, las empresas transforman grandes volúmenes de datos en **inteligencia accionable.** Esta capacidad de convertir datos en *insights* valiosos es lo que verdaderamente impulsa el éxito de *big data* en cualquier sector.

En el contexto de big data, los insights son valiosos descubrimientos obtenidos a partir de un análisis profundo de grandes volúmenes de datos. Estos insights son capaces de revelar patrones, tendencias, comportamientos o relaciones que no son evidentes a simple vista.

 **SABÍAS QUE...**

La inteligencia accionable es un concepto que hace referencia a la información obtenida a través del análisis de datos, que es específica, relevante y oportuna, permitiendo a las organizaciones tomar decisiones informadas y ejecutar acciones concretas. Esta inteligencia no solo describe qué está sucediendo, sino que también proporciona recomendaciones claras sobre qué acciones deben emprenderse para mejorar resultados o resolver problemas.

La inteligencia accionable es clave en el paradigma empresarial actual, porque transforma el análisis de datos en valor real para cualquier tipo de organización. Esta inteligencia permite a las empresas:

Continúa en página siguiente >>

<< Viene de página anterior

- Tomar decisiones basadas en información de valor, es decir, en evidencia y no en suposiciones.
- Optimizar procesos haciendo ajustes precisos que mejoran la eficiencia y efectividad.
- Responder rápidamente a cambios con una adaptación ágil a nuevas oportunidades o amenazas en el entorno.
- Mejorar la satisfacción de la clientela a través de acciones más alineadas con las necesidades y preferencias de los clientes.

Los *insights* son la inteligencia que se extrae de los datos. Permiten a las empresas tomar decisiones correctamente informadas y verdaderamente estratégicas.

Una vez que contemplamos *big data* como una herramienta poderosa para cualquier negocio u organización, veamos paso a paso cómo construir un **proyecto de *big data*:**

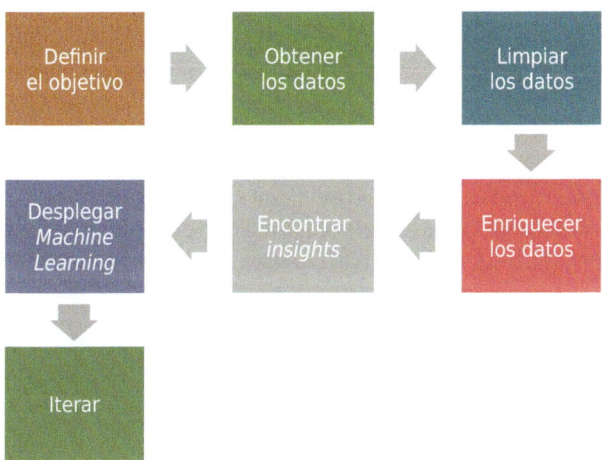

 **IMPORTANTE**

Hoy en día, es fundamental que una empresa construya un proyecto de *big data* para mejorar la toma de decisiones, personalizar la experiencia del cliente,

Continúa en página siguiente >>

<< *Viene de página anterior*

optimizar procesos operativos y obtener una ventaja competitiva. Mediante el análisis de grandes volúmenes de datos en tiempo real, las compañías pueden predecir tendencias, identificar ineficiencias, innovar en productos y servicios, y gestionar riesgos con efectividad. En definitiva, un proyecto de *big data* impulsa la rentabilidad y el éxito empresarial transformando los datos brutos en conocimiento.

Definir el objetivo

El primer paso para construir un proyecto de *big data* es entender a fondo cómo funciona tu negocio o actividad. Es lo que llamamos **definir el objetivo.**

Para lograrlo, necesitas informarte bien sobre todas las operaciones y procesos internos. Una buena fórmula de hacerlo es hablando con los profesionales que gestionan y realizan estas actividades a diario. Después de obtener esta comprensión y entender las claves, es crítico sentarse a planificar detalladamente:

⊃ **Establecer un plan de hitos.** Este paso implica dividir el proyecto en etapas más pequeñas y manejables, llamadas hitos. Cada hito marca un punto importante en el progreso del proyecto. Estos hitos ayudarán a mantener el proyecto organizado, a realizar un seguimiento del avance y a garantizar que se están alcanzando los objetivos en el tiempo previsto. Por ejemplo, si estás construyendo un sistema de análisis de datos para una empresa, algunos hitos serían:

  ʊ La recopilación de datos
  ʊ El diseño del modelo de datos
  ʊ La implementación del análisis
  ʊ La presentación de resultados

⊃ **Identificar los indicadores clave de rendimiento (KPI).** Los KPI son métricas específicas que ayudan a medir el rendimiento y el éxito de un proyecto. Estos indicadores son seleccionados porque están directamente relacionados con los objetivos y metas del proyecto. Por ejemplo, si el objetivo de tu proyecto es aumentar las ventas, algunos KPI podrían ser:

  ʊ El número de clientes nuevos
  ʊ El valor promedio de las ventas
  ʊ La tasa de conversión

Identificar los KPI adecuados permite monitorear el progreso, además de tomar decisiones basadas en datos para optimizar el rendimiento.

⊃ **Definir los resultados esperados (KER).** Los resultados esperados o KER *(key expected results)* son las metas específicas que se espera lograr al finalizar el proyecto. Estos resultados deben ser claros, medibles y alineados con los objetivos del negocio. Por ejemplo, si estás desarrollando un sistema de recomendación para un sitio web de comercio electrónico, un resultado esperado podría ser:

◉ *Aumentar las ventas en un 20% en los próximos seis meses.*

Definir estos resultados es de gran ayuda para mantener el enfoque del proyecto y para evaluar su éxito una vez que se haya completado.

IMPORTANTE

Definir el objetivo de un proyecto de *big data* consiste en conocer el negocio, escuchar a las personas expertas para luego y ser capaz de crear un plan estratégico claro que sirva para guiarlo.

- -

Obtener los datos

El segundo paso para construir un proyecto de *big data* es recopilar los datos que necesitas para alcanzar tus objetivos. Ya sabes lo que quieres lograr, ahora es el momento de encontrar la información que te ayudará a conseguirlo.

Puedes hacerlo de varias maneras: utilizando bases de datos existentes dentro de tu empresa, aprovechando los recursos disponibles a través de API comerciales que permiten acceder a datos externos o utilizando datos abiertos *(open data),* que se pueden obtener mediante extractores web:

1. **Utilizar bases de datos existentes dentro de la empresa.** Muchas empresas ya tienen una gran cantidad de datos almacenados en sus sistemas internos. Estos datos provienen de diferentes fuentes, como son los sistemas de gestión de clientes (CRM), sistemas de gestión de recursos empresariales (ERP), registros de ventas, registros de transacciones y otros sistemas más. Utilizar estas bases de datos existentes permite acceder a información específica clave del negocio sin necesidad de buscar

en fuentes externas. Asimismo, estos datos suelen estar estructurados y organizados de acuerdo con las necesidades de la empresa, lo cual facilita su análisis y procesamiento.

2. **Aprovechar los recursos disponibles a través de API comerciales que permiten acceder a datos externos.** Las API *(application programming interface,* interfaces de programación de aplicaciones) comerciales son una excelente fuente de datos externos para complementar la información interna de la empresa. Muchas empresas y organizaciones ofrecen API que permiten acceder a sus datos de manera programática. Esto facilita la integración de esta información en los proyectos de *big data.* Por ejemplo, es posible acceder a datos de redes sociales, datos meteorológicos, datos de mercado financiero, datos de transporte, etc. Todos estos datos externos proporcionan información complementaria de valor, además de contextos importantes para los análisis y las decisiones empresariales.

3. **Utilizar datos abiertos *(open data)* que se pueden obtener mediante extractores web.** Los datos abiertos, también conocidos como *open data,* son conjuntos de datos que están disponibles públicamente, por tanto pueden ser utilizados y redistribuidos libremente por cualquier persona o usuario. Estos datos suelen provenir de organismos públicos, organizaciones sin ánimo de lucro, instituciones académicas, etc. Para acceder a los datos abiertos, se suelen utilizar **extractores web** o herramientas de *web scraping.* Estas herramientas sirven para recopilar la información de forma automatizada desde sitios web públicos. Los datos abiertos son considerados una fuente valiosa de información con una amplia variedad de aplicaciones, desde análisis de mercado hasta investigaciones científicas.

 IMPORTANTE

Obtener datos para un proyecto de *big data* consiste en identificar las fuentes de datos disponibles y seleccionar aquellas que proporcionarán la información necesaria para el proyecto.

Limpiar los datos

El tercer paso para construir un proyecto de *big data* es limpiar y adaptar los datos que has recopilado. Aunque ya tienes toda la información que necesitas, puede estar desordenada y en diferentes formatos. Es esencial organizar y estandarizar estos datos, asegurándote de que, por ejemplo, todas las filas de una misma columna sigan un formato uniforme (como usar el mismo número de decimales para una categoría específica). Además, debes tener mucho cuidado de cumplir con las leyes de protección de datos y privacidad vigentes. Recuerda que, aunque esta tarea puede consumir hasta el 80 % del tiempo del proyecto, es clave para garantizar la calidad y fiabilidad de tus análisis posteriores. Este paso se caracteriza por las acciones que se describen a continuación.

Estandarización de datos

Uno de los primeros pasos en la limpieza de datos es asegurarse de que todos los datos estén en un formato coherente y uniforme. Esto implica convertir diferentes representaciones de la misma información en un formato consistente. Por ejemplo, si estás trabajando con datos de fechas, asegúrate de que todas las fechas estén en el mismo formato (por ejemplo, DD/MM/AAAA o AAAA-MM-DD) para facilitar su análisis.

 **EJEMPLO**

Estás trabajando en un proyecto de análisis de ventas para una empresa que vende productos en diferentes países. Tienes una tabla de datos que incluye información sobre las ventas realizadas durante el último año, pero descubres que las fechas de las transacciones están en diferentes formatos, como DD/MM/AAAA y MM/DD/AAAA, lo cual te dificulta el análisis.

Para estandarizar los datos de fecha, decides convertir todos los formatos a AAAA-MM-DD, que es el formato estándar que prefieres para tu análisis. Utilizas técnicas de limpieza de datos para realizar esta transformación de manera consistente en todo el conjunto de datos. Por ejemplo:

- **Original: 15/03/2025 Estandarizado: 2025-03-15**
- **Original: 03/25/2025 Estandarizado: 2025-03-25**
- **Original: 2025-04-10 Estandarizado: 2025-04-10**

Al estandarizar los datos de fecha en un formato uniforme, se facilita el análisis y las comparativas de las ventas a lo largo del tiempo, permitiendo identificar tendencias y patrones con mayor precisión. Al mismo tiempo, al utilizar un formato estándar se reduce la posibilidad de errores en el análisis debido a la

Continúa en página siguiente >>

<< Viene de página anterior

inconsistencia en los datos. Esto ayuda a garantizar la calidad y la fiabilidad de los resultados obtenidos en un proyecto de análisis de ventas.

Limpieza de valores atípicos (outliers)

Los valores atípicos son puntos de datos que se desvían significativamente de la mayoría de los otros puntos de datos en un conjunto. Estos valores suelen distorsionar el análisis y las conclusiones obtenidas a partir de los datos. Por lo tanto, es importante identificar y tratar estos valores atípicos de manera adecuada, ya sea eliminándolos o corrigiéndolos si es posible.

 EJEMPLO

Estás trabajando en un proyecto de análisis de precios de viviendas en una ciudad determinada. Tienes un conjunto de datos, que incluyen el precio de venta de diferentes propiedades residenciales durante el último año.

Al explorar tus datos, notas que hay un punto de datos que se desvía significativamente del resto: una propiedad que se vendió por un precio extremadamente alto en comparación con las demás. Este valor atípico podría distorsionar tus análisis y también tus conclusiones, ya que ejerce influencia de manera desproporcionada en medidas como el precio promedio o la tendencia general de los precios.

Para tratar este valor atípico, decides investigar más a fondo. Descubres que esta propiedad en particular es una mansión de lujo con características únicas y con ubicación privilegiada. Esto justifica su precio excepcionalmente alto en comparación con otras propiedades.

Después de confirmar que el valor atípico es válido y no es el resultado de un error de entrada de datos, decides mantenerlo en tu conjunto de datos. Sin embargo, decides tener en cuenta este valor atípico al realizar análisis y presentaciones, considerando su impacto en las medidas estadísticas y asegurándote de contextualizarlo adecuadamente en tus informes.

Gestión de datos faltantes

Los datos incompletos o faltantes son cuestiones comunes en muchos conjuntos de datos y pueden afectar a la calidad y la precisión del análisis. Es fundamental decidir cómo manejar estos datos faltantes de forma idónea. Esto implica, por ejemplo, la eliminación de registros con datos faltantes, la imputación de valores utilizando técnicas estadísticas o el desarrollo de modelos para predecir los valores faltantes.

◉ EJEMPLO

Estás trabajando en un proyecto de análisis de satisfacción del cliente para una empresa de comercio electrónico. Tienes un conjunto de datos, entre los que se incluyen las respuestas de encuestas de la clientela, pero notas que algunos clientes no han completado todas las preguntas en la encuesta, dejando ciertos campos vacíos, por lo que decides hacer una gestión de datos faltantes.

Para manejar estos datos faltantes de manera adecuada, consideras varias opciones:

- Eliminación de registros con datos faltantes. Una opción es eliminar por completo los registros que contienen datos faltantes. Sin embargo, esta opción puede no ser ideal si la cantidad de registros con datos faltantes es significativa, ya que podrías perder información valiosa de otros campos completos en esos registros.
- Imputación de valores utilizando técnicas estadísticas. Otra opción es imputar o rellenar los valores faltantes utilizando técnicas estadísticas. Por ejemplo, podrías calcular el promedio o la mediana de los valores existentes en una columna y usar ese valor para llenar los campos faltantes. Esta técnica es útil para preservar la integridad del conjunto de datos y evita la pérdida de información.
- Desarrollo de modelos para predecir los valores faltantes. Una opción más avanzada es desarrollar modelos predictivos para estimar los valores faltantes en función de otros atributos del conjunto de datos. Por ejemplo, podrías usar un **modelo de regresión** para predecir la calificación de satisfacción de un cliente en función de su historial de compras, interacciones anteriores con la empresa, etc. Este enfoque es más preciso y sofisticado, pero también requiere de más recursos y conocimientos técnicos.

Validación de datos

Es importante verificar la precisión y la coherencia de los datos para garantizar que sean confiables y precisos. Esto se traduce en realizar una comparación de los datos con fuentes externas o bien la realización de controles de integridad para identificar posibles errores o inconsistencias en los datos.

 **EJEMPLO**

Estás trabajando en un proyecto de análisis de inventario para una cadena de tiendas minoristas. Tienes un conjunto de datos, que incluye información sobre los niveles de inventario de diferentes productos en varias ubicaciones de tiendas. Para validar la precisión y coherencia de tus datos, decides compararlos con una fuente externa confiable, como el sistema de gestión de inventario de la empresa. Este sistema es considerado como la fuente principal y más confiable de información sobre el inventario de la empresa.

Comienzas comparando los datos de tu conjunto con los registros del sistema de gestión de inventario. Durante esta comparativa, identificas discrepancias significativas entre los niveles de inventario registrados en tu conjunto de datos y los niveles de inventario registrados en el sistema. Después de investigar más a fondo, descubres que las discrepancias son el resultado de errores humanos en la entrada de datos, como son errores propios de transcripción o de registros duplicados. También, identificas casos de productos que faltan en tu conjunto de datos pero que están presentes en el sistema de gestión de inventario, y viceversa.

Para abordar todos estos problemas, decides implementar medidas correctivas, como son: corregir los errores de entrada de datos, eliminar registros duplicados y actualizar tu conjunto de datos para incluir los productos faltantes. También estableces procedimientos para mejorar la precisión de la entrada de datos en el futuro.

Al validar los datos con una fuente externa confiable y abordar las discrepancias identificadas, es posible tener más confianza en la precisión y la fiabilidad de tus datos. Esto te permite realizar análisis más precisos y tomar decisiones basadas en datos de valor sobre la gestión de inventario en las tiendas minoristas.

Cumplimiento de regulaciones de protección de datos y privacidad

Es fundamental garantizar que la limpieza de datos se realice de acuerdo con las leyes y regulaciones vigentes de protección de datos. Esto significa guardar y proteger el anonimato de los datos personales, la protección de la privacidad de los individuos y el cumplimiento de normativas como el RGPD (Reglamento General de Protección de Datos) de la Unión Europea o Ley Española de Protección de Datos y Garantía de Derechos Digitales (LOPDGDD). Estas normativas han de ser el referente.

 EJEMPLO

Estás trabajando en un proyecto de análisis de datos para una empresa que opera en la Unión Europea y recopila información personal de sus clientes: nombres, direcciones de correo electrónico y números de teléfono. Como parte de tu trabajo, estás limpiando y preparando estos datos para su análisis posterior.

Para cumplir con las regulaciones de protección de datos, como el RGPD y la LOPDGDD, has de garantizar que la limpieza de datos se realice de forma ética y legal. Esto significa tomar medidas para proteger la privacidad y la seguridad de los datos personales de los individuos.

Por ejemplo, al limpiar los datos debes tener cuidado de no divulgar información personal sensible y proteger la identidad de los individuos. Esto implica eliminar o encriptar ciertos campos de datos que podrían identificar directamente a una persona, como son los números de identificación personal o las direcciones completas. Igualmente, debes asegurarte de que los datos se almacenen de forma segura y se protejan contra accesos no autorizados o filtraciones de datos. Por ejemplo, haciendo uso de medidas de seguridad como la encriptación de datos, el acceso restringido a la información y la implementación de políticas de privacidad y seguridad de datos sólidas.

Enriquecer los datos

El paso cuarto para construir un proyecto de *big data* consiste en enriquecer los datos, lo que implica que tienes que hacer que tus datos sean aún más valiosos y útiles. Imagina que tienes un montón de piezas de rompecabezas, pero algunas están incompletas o desordenadas. En este paso, estás trabajando para completar esas piezas y organizarlas de manera que todo encaje perfectamente.

¿Cómo haces esto? Puedes conseguirlo combinando diferentes conjuntos de datos, como si estuvieras mezclando colores para crear un nuevo color más vibrante. También puedes combinar diferentes partes de tus datos, como fechas, para crear intervalos de tiempo que te ayuden a entender mejor cómo cambian las cosas a lo largo del tiempo.

¿Para qué un algoritmo de *machine learning* necesita datos enriquecidos? El objetivo es preparar los datos para que un algoritmo de *machine learning* pueda entenderlos más fácilmente y hacer predicciones mucho más precisas. Piensa en ello como preparar una receta para que sea más fácil de seguir y entender. Cuando los datos están enriquecidos, el análisis que hagas más adelante será mucho más efectivo y preciso.

 EJEMPLO

Estás trabajando en un proyecto de *big data* para una empresa de comercio electrónico. Tu objetivo es mejorar la recomendación de productos para los clientes basándote en sus comportamientos de compra anteriores. Para lograr esto, sigues el cuarto paso del proyecto: enriquecer los datos. Veamos cómo puedes hacerlo.

Combinar diferentes conjuntos de datos

- Datos de compras: tienes un conjunto de datos que muestra cada compra realizada por los clientes, incluyendo el ID del cliente, el ID del producto, la fecha de compra y el precio.
- Datos de navegación web: tienes otro conjunto de datos que muestra el comportamiento de navegación de los clientes en el sitio web, como las páginas visitadas, el tiempo pasado en cada página y los productos vistos.
- Datos demográficos: también tienes un conjunto de datos que incluye información demográfica sobre los clientes, como la edad, el género y la ubicación.

Para enriquecer tus datos, combinas estos conjuntos en un único *dataset* que proporciona una vista más completa de cada cliente. Por ejemplo, puedes vincular las compras y los datos de navegación con los datos demográficos para obtener información sobre cómo los diferentes grupos de clientes navegan y compran.

Continúa en página siguiente >>

<< Viene de página anterior

Crear nuevas características a partir de los datos existentes

- Intervalos de tiempo: puedes usar las fechas de compra para calcular intervalos de tiempo entre compras sucesivas para cada cliente. Esto te ayuda a entender la frecuencia de las compras y a identificar patrones de comportamiento.
- Categorías de productos: puedes añadir columnas que clasifiquen los productos en diferentes categorías, como "electrónica", "ropa", "hogar", etc. Esto permite analizar tendencias de compra en diferentes categorías.
- Valor de vida del cliente: puedes calcular el valor de vida de cada cliente sumando el total de sus compras. Esta métrica (CLV) es útil para identificar a los clientes más valiosos.

Combinar columnas para crear nuevas métricas

- *Engagement score:* combina datos de navegación y de compra para crear una métrica que mida el nivel de compromiso de cada cliente. Por ejemplo, podrías crear una fórmula que tenga en cuenta el número de visitas al sitio web, el tiempo pasado en el sitio y la frecuencia de compra.
- Índice de satisfacción: si tienes datos de encuestas de satisfacción del cliente, puedes combinarlos con datos de compra para ver cómo la satisfacción del cliente impacta en sus hábitos de compra.

Al enriquecer tus datos de esta manera, preparas una base de datos mucho más completa y robusta, que un algoritmo de *machine learning* utilizará para hacer predicciones con un nivel alto de precisión. Por ejemplo, el algoritmo usaría los datos enriquecidos para recomendar productos que un cliente probablemente comprará basándose en sus compras anteriores, su comportamiento de navegación y su localización.

Encontrar *insights*

El quinto paso es encontrar *insights*. Es como darle un sorbo a una bebida hecha con tus datos. Después de haberlos arreglado y enriquecido, ahora es momento de disfrutarlos y obtener algo valioso de ellos. Esto se hace a través de la visualización.

 **EJEMPLO**

Imagina que tienes un delicioso plato de comida frente a ti y que, antes de empezar a comer, decides decorarlo con hierbas frescas y salsas coloridas para resaltar su sabor y belleza. De manera similar, con la visualización de datos estás adornando tus datos de una forma que te permita ver patrones, tendencias y relaciones que no serían tan evidentes si solo miraras los datos numéricos.

Para encontrar *insights* puedes utilizar herramientas como son:

Power BI   Grafana   Tableau

 **PARA SABER MÁS**

Escaneando los siguientes QR podrás acceder a **Power BI, Grafana y Tableau,** que son recursos tecnológicos capaces de crear gráficos y tablas que representen tus datos de forma atractiva. Estos gráficos te ayudarán a obtener *insights*, que son como pequeñas joyas escondidas dentro de tus datos, ayudándote a tomar mejores decisiones, respaldando tus argumentos, o incluso, alimentando algoritmos de aprendizaje automático para que funcionen aún mejor. Así que, al igual que cuando pruebas un plato y encuentras nuevos sabores y combinaciones, al visualizar tus datos encontrarás nuevas perspectivas y conocimientos que te ayudarán a aprovechar al máximo la información que has recopilado y preparado con tanto cuidado.

Continúa en página siguiente >>

<< Viene de página anterior

Power BI

https://redirectoronline.com/ifcd990409

Grafana

https://redirectoronline.com/ifcd990410

Tableau

https://redirectoronline.com/ifcd990411

Desplegar *machine learning*

El sexto paso consiste en desplegar *machine learning.* Es como usar una varita mágica para hacer predicciones sobre lo que podría suceder en el futuro basándote en lo que has aprendido del pasado. Una bola de cristal que te ayudará a ver tendencias ocultas que no pudiste encontrar en los pasos anteriores.

 EJEMPLO

Imagina que estás organizando una fiesta y quieres agrupar a tus invitados en mesas de manera que tal disposición permita que los asistentes disfruten más. Usando algoritmos de aprendizaje automático, puedes agrupar a las personas que tienen más cosas en común, como son intereses o simplemente rangos de edad, de manera que estén ubicados en mesas donde probablemente se lleven bien y puedan compartir experiencias que diviertan. Esto se llama *clustering*, ya lo vimos. Es solo una de las muchas cosas que no puedes hacer con *machine learning*.

También puedes usar aprendizaje supervisado en el despliegue del *machine learning,* que es como enseñarle a un ordenador a hacer predicciones basadas en ejemplos pasados. Por ejemplo, si tienes datos sobre ventas de productos y quieres predecir cuánto venderás el próximo mes, podrás entrenar un algoritmo con datos históricos para que aprenda patrones y luego lo uses para hacer predicciones futuras. Pero además no solo se trata de hacer estas predicciones una vez, también necesitas desplegar tus modelos de *machine learning* en una arquitectura operativa, para que puedan ser utilizados una y otra vez de forma recurrente.

Desplegar una infraestructura de machine learning es como tener una máquina que constantemente ayuda a tomar decisiones inteligentes basadas en los datos recopilados y analizados. De modo que este despliegue se traduce en un asistente con inteligencia que ayuda a tomar mejores decisiones y a anticipar lo que pueda suceder en el futuro.

Iterar

El último paso, iterar, es como dar vueltas en un carrusel emocionante y nunca terminar el viaje. Llegar al sexto paso no significa que hayas llegado al final del camino. En realidad, es más bien como cerrar un círculo y volver al principio, pero con una visión más clara y una comprensión mucho más profunda.

 **EJEMPLO**

Imagina que estás construyendo un castillo de arena en la playa. Una vez que lo has terminado, no te sientas y te relajas pensando que has terminado tu obra maestra. Sabes que las olas vendrán y se llevarán parte del castillo, el viento lo cambiará, y tal vez quieras agregarle una torre más alta o un foso más profundo. Lo mismo sucede con los proyectos de *big data*.

Es muy importante entender que estos proyectos nunca estarán completamente terminados. Siempre habrá nuevas fuentes de datos para explorar, nuevos algoritmos de *machine learning* para probar y nuevas preguntas que hacer. **La clave del éxito es aceptar este ciclo de iteración** y tener disposición para volver al principio una y otra vez, refinando y mejorando continuamente el enfoque y los resultados.

Así que no queda otra que, en lugar de ver esta fase como un final, piensa en el sexto paso como un punto de partida para una nueva vuelta en la montaña rusa de descubrimiento y aprendizaje.

Cada iteración te acercará un poco más a tus objetivos y te ayudará a construir sobre lo que ya has aprendido. Es un proceso emocionante y continuo que permitirá adaptarte y evolucionar a lo largo del tiempo en un **entorno VUCA.**

El entorno VUCA (volátil, incierto, complejo y ambiguo) describe las condiciones cambiantes y desafiantes en las que operan las empresas modernas. Se caracteriza por fluctuaciones rápidas, falta de previsibilidad, interrelaciones complicadas y ambigüedades en la toma de decisiones.

En el contexto del desarrollo de un proyecto de *big data,* trabajar en un entorno VUCA significa que los datos, las tecnologías y las necesidades empresariales pueden cambiar rápidamente, requiriendo adaptabilidad y respuestas ágiles. Por ello, el proceso de iterar se vuelve crucial en la última fase del proyecto de *big data.*

 IMPORTANTE

Iterar implica revisar y mejorar continuamente los modelos y análisis basados en los nuevos datos y retroalimentación. Esta práctica garantiza que el proyecto se mantenga relevante, preciso y alineado con las dinámicas cambiantes del entorno empresarial, permitiendo una mejor toma de decisiones y aprovechamiento de oportunidades emergentes.

2.2. Profesionales *big data*

Desarrollar un proyecto de *big data* es una tarea compleja que requiere de una combinación de habilidades especializadas y la colaboración de diversos perfiles profesionales. Cada etapa del proyecto, desde la definición de objetivos hasta la implementación de soluciones de inteligencia artificial, demanda conocimientos técnicos y estratégicos específicos.

Para afrontar con éxito estos desafíos, es vital contar con un equipo multidisciplinar que pueda abordar todos los aspectos del **ciclo de vida del proyecto.** En este contexto, son cinco perfiles profesionales los que emergen como piezas clave: el **ingeniero de datos,** el **analista de datos,** el **arquitecto de** *big data,* el **especialista en IA** y el **científico de datos**. La labor de todos estos profesionales consigue transformar datos en decisiones *(insights)*.

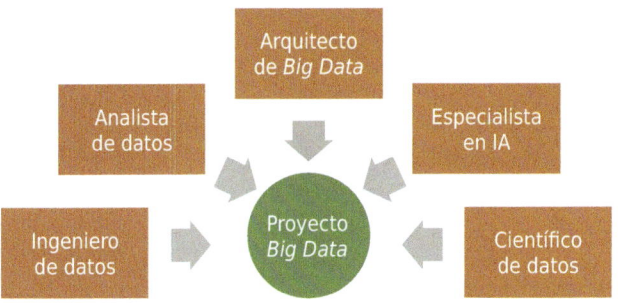

Cada uno de los profesionales aporta una perspectiva única, conocimientos y destrezas fundamentales que, en conjunto, permiten convertir grandes volúmenes de datos en insights valiosos y decisiones bien informadas.

A continuación, podrás explorar el rol y la contribución de cada una de estas personas expertas en la construcción de un proyecto de *big data* exitoso.

Ingeniero de datos

El **ingeniero de datos** es el especialista responsable en una organización de establecer las bases para la recolección, almacenamiento, procesamiento y gestión de los datos.

Actúa como la puerta de entrada de los datos, configurando la infraestructura necesaria para que la información sea accesible y utilizable por los analistas y científicos de datos que la trabajarán posteriormente. Este profesional debe manejar motores de bases de datos tanto SQL como NoSQL, tener experiencia en plataformas de nube como AWS y sistemas de procesamiento masivo de datos como *Hadoop*.

 **NOTA**

Es muy recomendable que este profesional tenga habilidades en lenguajes de programación para facilitar la manipulación y transformación de los datos.

Continúa en página siguiente >>

<< Viene de página anterior

En esencia, el ingeniero de datos prepara y organiza el entorno de datos, asegurando que esté listo para el análisis y el desarrollo de modelos predictivos.

Analista de datos

El **analista de datos** es el profesional de *big data* encargado de convertir los datos en información de valor para facilitar a la empresa una óptima toma de decisiones.

Su trabajo consiste en extraer información clave a partir de los datos proporcionados por el ingeniero de datos. Para ello, el analista debe explorar, preprocesar y analizar estos datos, y luego, saber comunicar los hallazgos al personal clave, generalmente el personal directivo. Para ello, utiliza herramientas de visualización como *Tableau* o *Grafana*.

 **NOTA**

Además de las habilidades técnicas del analista de datos, es fundamental que este profesional tenga una buena comprensión del negocio, conocimiento del sector, capacidad para colaborar con otros equipos de trabajo y habilidades interpersonales para comunicar eficazmente sus resultados.

Arquitecto de datos

El arquitecto de *big data* actúa como un enlace vital entre los equipos técnicos, científicos e ingenieros de datos, y los equipos orientados al negocio, analistas de datos y personal directivo.

Este profesional es esencial para cualquier empresa que desee construir un entorno de *big data* eficaz, ya que gestiona todo el ciclo de vida de los datos, desde su recolección hasta su presentación final. Su función es multidisciplinaria: abarca la creación y mantenimiento de la infraestructura necesaria para que cada tarea específica pueda llevarse a cabo eficientemente por los demás perfiles del equipo.

NOTA

El arquitecto de *big data* asegura que todas las partes del sistema de datos estén perfectamente integradas y funcionen de manera cohesiva, facilitando tanto el trabajo técnico como la toma de decisiones estratégicas.

Especialista en IA

El especialista en inteligencia artificial añade una dimensión decisiva a un proyecto de *big data,* al potenciar la capacidad de predicción del proyecto.

Mientras que los analistas de datos proporcionan información valiosa para la toma de decisiones, el especialista en IA lleva esto un paso más allá al desarrollar algoritmos de *machine learning* y *deep learning.* Estos algoritmos permiten realizar predicciones precisas sobre tendencias futuras y comportamientos, mejorando significativamente la calidad y la eficacia de las decisiones empresariales.

NOTA

Los especialistas en IA son profesionales altamente demandados y escasos que necesitan competencias muy específicas y un compromiso continuo con el aprendizaje para mantenerse al día con los avances tecnológicos. Su papel es esencial para aprovechar al máximo el potencial de los datos y transformar *insights* en acciones predictivas.

Científicos de datos

El científico de datos, aunque similar al analista de datos, se diferencia principalmente en su enfoque más orientado a la investigación y desarrollo (I+D).

Mientras que el analista de datos se centra en el análisis con una mentalidad de negocio para apoyar la toma de decisiones, el científico de datos busca descubrir valor oculto en los datos sin necesariamente tener que extraer conclusiones prácticas inmediatas. Este perfil es estratégico y se enfoca en encontrar patrones complejos y relaciones profundas que no son evidentes para el analista de datos.

NOTA

Idealmente, un científico de datos cuenta con un sólido historial de investigación, publicaciones científicas de renombre en su campo y fuertes vínculos con el sector académico, lo cual le permite abordar problemas desde una perspectiva más teórica y metodológica.

3. Sistemas de aprendizaje automático y manuales

☞ HILO CONDUCTOR

La ciudad inteligente desarrollada por TechCity Solutions puede beneficiarse de comparar sistemas automatizados con métodos manuales para gestionar recursos como agua, electricidad y redes de transporte. Con un sistema automatizado basado en IA, la gestión de estos recursos se vuelve más eficiente, permitiendo ajustes automáticos que se adapten a la demanda en tiempo real. Esto contrasta con los sistemas manuales que pueden ser menos flexibles y más costosos de operar.

Los sistemas de aprendizaje automático y aprendizaje profundo aprovechan la potencia del 5G para procesar grandes volúmenes de datos en tiempo real. Esto permite la creación de modelos predictivos más precisos y sofisticados, que pueden utilizarse en una variedad de casos de uso, desde la optimización de la cadena de suministro hasta la personalización de la experiencia del cliente. Asimismo, los sistemas manuales respaldados por el 5G posibilitan intervenciones humanas cuando es necesario, combinando lo mejor de ambos mundos para obtener resultados óptimos.

Sin embargo, en la era tecnológica actual, las organizaciones se enfrentan a una cantidad abrumadora de datos que, si no se gestionan y analizan adecuadamente, pueden convertirse en una desventaja competitiva significativa. Para evitar que esto ocurra y ganar competitividad, las organizaciones han de utilizar sistemas de aprendizaje tanto automáticos como manuales.

IMPORTANTE

Los sistemas de aprendizaje automático permiten procesar grandes volúmenes de datos rápidamente y pueden descubrir patrones ocultos que podrían pasar desapercibidos en el análisis manual. Estos sistemas se basan en algoritmos que aprenden y mejoran con el tiempo, ofreciendo predicciones y análisis cada vez más precisos. Sin embargo, el análisis manual, llevado a cabo por personas expertas en la materia tratada, sigue siendo trascendental para proporcionar contexto, interpretar resultados complejos y tomar decisiones bien informadas basadas en el conocimiento, la intuición y la experiencia.

- -

3.1. Arquitectura de *big data*

Para maximizar el potencial de ambos enfoques, el aprendizaje automático y el aprendizaje manual, es esencial contar con una infraestructura robusta que soporte la recopilación, almacenamiento, procesamiento y análisis de datos a gran escala. Aquí es donde entra en juego la **arquitectura de *big data*,** siendo su base la siguiente:

⊃ ***Data hub.*** Es un sistema que centraliza todos los datos de una organización en un único lugar para facilitar su procesamiento. Su objetivo es integrar diferentes fuentes de datos, organizarlos y hacerlos accesibles para su análisis y visualización mediante herramientas de *Business Intelligence* o inteligencia de negocios. Se puede pensar en este sistema como un centro de mando donde toda la información se reúne para ser gestionada y aprovechada con eficacia.
Por ejemplo, una empresa recoge datos de ventas, *marketing* y atención al cliente. El *data hub* centraliza esta información, permitiendo a los profesionales analistas combinar y analizar los datos de forma integral para obtener una visión completa del rendimiento de la empresa.

◐ **EDW.** *Enterprise data warehouse* o EDW es un sistema de almacena-miento diseñado principalmente para informes y análisis de datos.

**Representación de un sistema
tradicional EDW**

**Fuentes de *big data*
(crudas, no estructuradas)**

Sensores

Dispositivos

Registros web

Redes sociales

Sistemas
de origen

Repositorio de *big data*

Herramientas de informes
de inteligencia empresarial
(Business Intelligence)

Almacén de datos
empresariales (EDW)

Por ejemplo, una cadena de supermercados utiliza un EDW para alma-cenar registros de venta históricos. Los directivos pueden generar infor-mes detallados y analizar tendencias de ventas anuales, mensuales o incluso diarias para tomar decisiones sobre inventarios y estrategias de *marketing.*

A diferencia del *data hub,* la principal función del EDW es almacenar grandes volúmenes de datos de forma estructurada y optimizada para poder realizar consultas ágiles. Es ideal para tener un repositorio centra-lizado donde los datos estén organizados y preparados para ser analiza-dos, sin importar el nivel de procesamiento necesario, aunque también presenta algún inconveniente.

Básicamente, se integran todas las bases de datos existentes en la em-presa para complementar los datos provenientes de diversas fuentes, que se envían directamente al repositorio de *big data* gestionado por la arquitectura. La principal problemática que presenta este modelo EDW es que actúa como si fuera un cuello de botella. Este estrechamiento dis-minuye la eficiencia del sistema debido a que no aprovecha las ventajas del repositorio de *big data*. En consecuencia, es posible afirmar que este enfoque de almacenamiento de datos empresariales no es escalable.

◐ ***Data lake.*** Es un vasto depósito que almacena datos en su formato ori-ginal sin necesidad de estructurarlos previamente y que proceden de diferentes fuentes. Esto significa que puede contener:

- Datos estructurados
- Datos semiestructurados
- Datos no estructurados

El lago de datos funciona como un avanzado centro de procesamiento de datos, armonizándolos y analizándolos para que puedan ser enviados directamente a las herramientas de visualización e inteligencia empresarial, o pasar por el EDW para mejorar la velocidad y efectividad de las respuestas.

Fuentes de *big data* (crudas, no estructuradas)

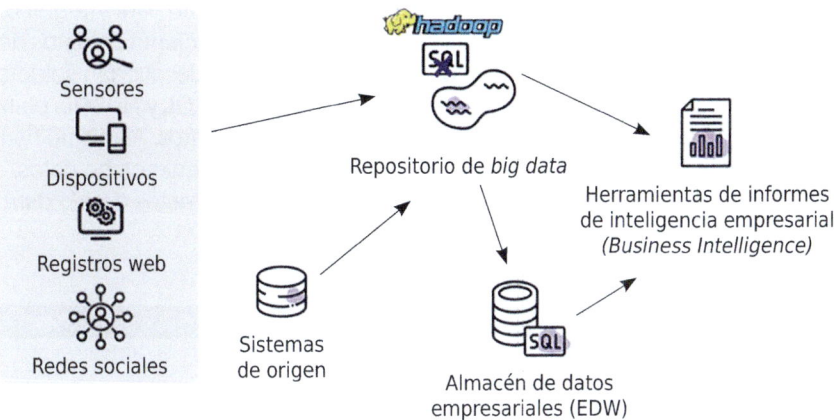

La estructura de los datos no se define hasta que se necesite, permite una gran flexibilidad. Es útil para almacenar grandes cantidades de información diversa, donde los datos pueden ser procesados y analizados en su forma más cruda.

Por ejemplo, una empresa tecnológica recopila datos de sensores de IoT, registros de actividad web y datos de redes sociales. Estos datos se almacenan en un *data lake* en su formato original. Los científicos de datos pueden extraer y procesar estos datos según sea necesario para desarrollar modelos predictivos y mejorar la experiencia del usuario.

 **NOTA**

Los datos estructurados son aquellos que están organizados en un formato fijo, como pueden ser tablas en bases de datos relacionales, donde cada campo tiene

Continúa en página siguiente >>

<< Viene de página anterior

un tipo de dato definido (números, fechas, texto). Los datos no estructurados no siguen un formato predefinido y lo podrían conformar textos libres, imágenes, vídeos, correos electrónicos y publicaciones en redes sociales. Los datos semiestructurados tienen una estructura flexible que no se ajusta completamente a un modelo rígido, pero contienen etiquetas y elementos organizativos, como XML y JSON, que facilitan su análisis y procesamiento.

La arquitectura *big data* proporciona el marco necesario para integrar diversas tecnologías y herramientas que faciliten el flujo eficiente de datos desde su origen hasta su análisis final. En este entorno, se despliegan soluciones de almacenamiento como **Hadoop, bases de datos SQL y NoSQL**, plataformas en la nube y herramientas de visualización de datos. Al mismo tiempo, permite a diferentes perfiles profesionales, como ingenieros de datos, analistas, científicos de datos, especialistas en IA y arquitectos de *big data,* trabajar en conjunto con eficacia y eficiencia.

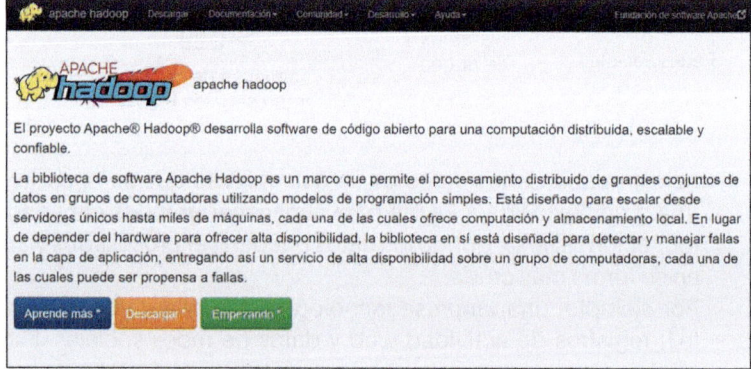

Hadoop permite manejar cantidades masivas de datos con gran eficiencia, haciendo que sea ideal para aplicaciones de big data, con independencia del sector, desde análisis de negocios hasta investigación científica.

 **PARA SABER MÁS**

Puedes acceder al siguiente enlace para ampliar la información sobre *Hadoop.*

Continúa en página siguiente >>

<< Viene de página anterior

https://redirectoronline.com/ifcd990412

3.2. *Hadoop* para sistemas de aprendizaje automático y manual

Hadoop es una plataforma de *software* de código abierto que se utiliza para almacenar y procesar grandes conjuntos de datos de manera distribuida. Es especialmente útil para diseñar sistemas de aprendizaje automático y manual, debido a su capacidad para manejar grandes volúmenes de datos y por su flexibilidad para integrarse con otras herramientas de procesamiento de datos y aprendizaje automático. Su explicación es la siguiente:

➲ *Hadoop* **para sistemas de aprendizaje automático:**

1. **Almacenamiento distribuido con HDFS:**

   ⇕ **HDFS *(Hadoop distributed file system).*** *Hadoop* almacena datos en un sistema de archivos distribuido. Esto permite manejar grandes volúmenes de datos distribuidos en múltiples servidores. Se trata de una característica clave para el aprendizaje automático, ya que en la mayoría de las ocasiones requiere procesar grandes cantidades de datos para entrenar modelos precisos.

   ⇕ **Escalabilidad.** HDFS permite escalar el almacenamiento y el procesamiento de datos simplemente agregando más nodos al clúster. Con ello se facilita el manejo de datasets masivos que son propios en proyectos de aprendizaje automático.

2. **Procesamiento de datos con *MapReduce:***

   ⇕ ***MapReduce.*** Se trata de un modelo de programación que permite procesar grandes volúmenes de datos en paralelo. *MapReduce* divide la tarea en subtareas más pequeñas llamadas Map, para luego combinar los resultados o Reduce. Esto permite procesar y limpiar datos con gran eficiencia, preparándolos para el entrenamiento de modelos de aprendizaje automático. Por ejemplo, para un sistema de recomendación de productos, *MapReduce* podría ser utilizado para procesar esos grandes volúmenes de datos de usuarios, extrayendo características relevantes para el modelo de recomendación.

3. **Integración con herramientas de aprendizaje automático:**

   ⇕ **Apache Mahout.** Es una biblioteca de aprendizaje automático que se ejecuta sobre *Hadoop,* permitiendo a los desarrolladores construir y aplicar algoritmos de aprendizaje automático directamente sobre el clúster de *Hadoop.*

   ⇕ **Apache Spark.** Aunque no es parte de *Hadoop, Spark* se integra bien con HDFS proporcionando una plataforma más rápida y flexible para el aprendizaje automático en comparación con *MapReduce,* Spark MLlib es su biblioteca de aprendizaje automático, que ofrece una amplia gama de algoritmos de *machine learning.*

➲ *Hadoop* **para sistemas de aprendizaje manual:**

1. **Almacenamiento y acceso a datos:**

   ⇕ **Data lake.** *Hadoop* se puede utilizar para construir un *data lake,* donde ya sabemos que se almacenan grandes volúmenes de datos en su formato más bruto. Esto es útil para los analistas y científicos de datos que realizan análisis manuales, pues pueden acceder a datos históricos y sin procesar para realizar exploraciones y nuevos descubrimientos.

   ⇕ **Estructuración y preprocesamiento.** *HDFS* permite almacenar datos estructurados, semiestructurados y no estructurados. Proporciona una base sólida para el análisis manual de datos.

2. **Herramientas de consulta y análisis:**

   ⇕ **Hive y Pig.** Son herramientas que se ejecutan sobre *Hadoop.* Permiten realizar consultas y transformaciones de datos utilizando un lenguaje de alto nivel. *Hive* utiliza SQL, lo cual facilita la labor de los analistas de datos, al permitirles realizar consultas complejas sin necesidad de escribir código *MapReduce.* Por ejemplo, un analista de datos puede utilizar *Hive* para consultar grandes volúmenes de registros de transacciones con idea de identificar patrones de fraude sin necesidad de escribir código complejo.

Veamos a continuación un sencillo ejemplo de uso del aprendizaje automático y del aprendizaje manual en una empresa que pretende mejorar su sistema de recomendaciones de productos y, además, quiere llevar a cabo un análisis exploratorio manual a fin de mejorar su estrategia de *marketing* digital.

 EJEMPLO

Una empresa de comercio electrónico desea optimizar su sistema de recomendaciones de bienes y servicios (aprendizaje automático) y también realizar un análisis exploratorio para optimizar su estrategia de *marketing online* (aprendizaje manual).

Aprendizaje automático

1. La empresa almacena datos de navegación y compra de clientes en HDFS.
2. Utiliza *MapReduce* para limpiar y preprocesar estos datos, extrayendo características como el historial de compras, el tiempo de navegación y las preferencias de productos.
3. Emplea *Apache Mahout* para entrenar un modelo de recomendación que sugiera productos a los clientes basándose en sus comportamientos y características similares de otros clientes.

Aprendizaje manual

1. Los analistas de la empresa utilizan *Hive* para consultar el *data lake* en HDFS, explorando tendencias de compra y comportamiento del cliente.
2. Utilizan *Pig* para transformar y estructurar datos antes de realizar análisis más profundos con herramientas de BI o *business intelligence.*

Hadoop es una plataforma robusta y flexible que facilita tanto el diseño de sistemas de aprendizaje automático, mediante el procesamiento y almacenamiento eficiente de grandes volúmenes de datos, como el aprendizaje manual, proporcionando herramientas que permiten a los analistas explorar y analizar datos en detalle.

Si tienes alguna duda sobre algunas de las herramientas nombradas, haz clic en el siguiente vídeo, en el cual un experto explica en datos cuáles son las principales claves que diferencian la plataforma *Hadoop* y *Apache Park.* Se hace una comparativa exhaustiva de dos de las tecnologías más destacadas en el ámbito del *big data: Apache Spark* y *Hadoop.* Además, se examinan las diferencias clave en cuanto a arquitectura, velocidad de procesamiento, facilidad de uso y aplicaciones específicas de cada plataforma. Conocer estas diferencias es importante para determinar qué herramienta es más apropiada para diversos contextos de procesamiento y análisis de datos.

 **VÍDEO**

Escanea el siguiente QR para conocer qué diferencias son relevantes destacar entre dos potentes plataformas empleadas en la construcción de *big data*, *Apache Spark y Hadoop*.

https://redirectoronline.com/ifcd990413

3.3. Construcción de un proyecto de *machine learning*

La construcción de un modelo de aprendizaje automático se puede esquematizar de forma sencilla mediante un proceso que consta de cuatro pasos:

1. **Datos de preparación.** En este primer paso estamos reuniendo los materiales necesarios para construir nuestro modelo. Imagina que estamos haciendo una manualidad y necesitamos papel, tijeras y pegamento. Pero, a veces, el papel que tenemos no está en el tamaño adecuado o no es del tipo que necesitamos. Entonces, tenemos que cortarlo y darle forma para que se ajuste a nuestras necesidades. Eso es básicamente lo que hacemos en la preparación de datos, convertimos los datos en bruto en un formato que nuestro modelo pueda entender y usar.
Avanzar a un segundo paso con los datos en un formato CSV es una excelente opción.

2. **Ingeniería de características.** Una vez que tenemos nuestros materiales listos, necesitamos decidir qué partes específicas de esos materiales son importantes para nuestra manualidad. Si estamos construyendo un avión de papel, las alas son primordiales. En la ingeniería de características, seleccionamos las partes más relevantes de nuestros datos que

creemos que serán útiles para predecir lo que queremos. Por ejemplo, si estamos tratando de predecir el clima, seleccionamos características *(features)* como la temperatura, la humedad, etc.

Como ejemplo, en la predicción del clima podemos seleccionar como característica principal la temperatura. Es entonces cuando estaremos preparados para avanzar al tercer paso.

3. **Modelado de datos.** Ahora que sabemos qué partes de nuestros materiales son importantes, es hora de empezar a construir nuestro modelo. Piensa en esto como seguir las instrucciones para armar nuestro avión de papel. Tenemos que doblar el papel de cierta manera para que se convierta en las alas y otra forma para dar forma al fuselaje. Del mismo modo, elegimos un modelo de aprendizaje automático, es decir, seleccionaremos el algoritmo, y lo alimentamos con nuestros datos preparados para que pueda aprender cómo se relacionan las características seleccionadas con lo que queremos predecir.

4. **Medición del rendimiento.** Una vez que hemos construido nuestro avión de papel, queremos saber si realmente vuela bien o no. Probamos lanzándolo varias veces y vemos la distancia que alcanza. En el aprendizaje automático, hacemos algo similar. Tomamos nuestro modelo y lo probamos con datos que no ha visto antes para ver cómo de bien puede llegar a hacer predicciones.

La métrica de rendimiento nos dice cuánto de precisas son las predicciones realizadas por el modelo. Cuanto más preciso sea, mejor será su rendimiento. Esto nos ayuda a saber si nuestro modelo es efectivo o si necesita más ajustes. En este último caso, hablamos de proceso iterativo, es decir, va repitiéndose hasta poder comprobar que este modelo cumple con la expectativa de rendimiento.

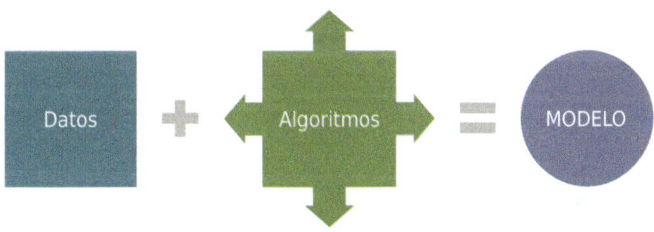

Llegados a este punto, no está mal recordar la diferencia entre aprendizaje automático supervisado y aprendizaje automático no supervisado.

NOTA

La mejor manera de comprender y alcanzar a ver cómo un sistema es capaz con su inteligencia artificial de simular a la inteligencia humana es desmembrando con ejemplo modelos de aprendizaje automático. Con ello, es posible vislumbrar cómo se construye la inteligencia artificial y cómo se entrenan los modelos, para dotarlos de esas capacidades humanas para que aprendan de forma automática a razonar, deducir y predecir con enorme agilidad.

---

4. *Chatbots,* hologramas y robots

 ## HILO CONDUCTOR

TechCity Solutions crea *chatbots* inteligentes en las plataformas digitales de la ciudad para ofrecer atención al ciudadano de manera rápida y eficiente. Estos *chatbots* pueden ayudar a resolver preguntas frecuentes, guiar a los ciudadanos en la realización de trámites, proporcionar información sobre eventos locales, horarios de transporte público y alertas de emergencia; pueden atender solicitudes a cualquier hora del día, permitiendo que los ciudadanos resuelvan problemas o encuentren información, sin tener que esperar a que abran las oficinas municipales.

La combinación de inteligencia artificial y 5G permite potenciar la interacción entre humanos y tecnologías de formas muy innovadoras.

Los chatbots impulsados por IA pueden brindar asistencia instantánea y personalizada a los usuarios.

Todas las ventajas de estos tipos de tecnologías son posibles gracias a la baja latencia y alta velocidad del 5G.

Los hologramas y los robots ofrecen experiencias inmersivas y servicios físicos automatizados en tiempo real.

 ## ACTIVIDAD COMPLEMENTARIA

1. En la era de la inteligencia artificial, tecnologías como *chatbots,* hologramas y robots han transformado la manera en que interactuamos con el mundo digital y físico. Sin embargo, estas innovaciones dependen en gran medida de una conectividad rápida y de baja latencia, como la que proporciona el 5G. Sin estas características, se presentan varios inconvenientes que pueden afectar a la eficacia de la tecnología y a las experiencias de los usuarios.

   Basándote en esto, responde a las siguientes preguntas: ¿cuáles son los principales inconvenientes que enfrentarían las tecnologías avanzadas como los *chatbots,* hologramas y robots al no contar con la baja latencia y alta velocidad del 5G? ¿Cómo podemos mitigar estos desafíos para seguir avanzando en la innovación tecnológica?

5. Redes neuronales y sistemas expertos

👉 HILO CONDUCTOR

En la idea de ciudad inteligente propuesta por TechCity Solutions resulta de vital importancia las redes neuronales; es un sistema clave para la gestión del tráfico. Este sistema se basa en la recopilación de datos, a través de sensores y cámaras distribuidos por toda la ciudad en tiempo real, la Red Neuronal: procesa estos datos históricos e identifica patrones complejos en el comportamiento del tráfico. Se puede predecir picos de tráfico y sugerir ajustes en la sincronización de los semáforos para mejorar el flujo vehicular. Además, si se detecta un accidente o una obstrucción, el sistema puede sugerir rutas alternativas y comunicar a los conductores, a través de aplicaciones móviles, paneles informativos o sistemas de navegación.

Mientras que el *machine learning* hace referencia al uso de algoritmos de aprendizaje automático, *deep learning* o aprendizaje profundo emplea un conjunto más avanzado de algoritmos conocidos como **redes neuronales profundas,** que contienen múltiples capas. Recordemos brevemente en qué consistían:

Capa de entrada
Es la primera capa de una red neuronal. Su función es recibir los datos iniciales que se van a procesar. Cada neurona en esta capa representa una característica o un atributo de los datos de entrada.

Capa oculta
Está ubicada entre la capa de entrada y la capa de salida. Puede haber una o varias capas ocultas. Su función es procesar las entradas mediante una serie de transformaciones y cálculos. Las neuronas en las capas ocultas aplican funciones de activación para capturar relaciones complejas entre los datos.

Capa de salida
Es la última capa de la red neuronal. Su función es producir la salida final de la red, que puede ser una predicción, una clasificación o cualquier otro resultado deseado. Cada neurona en esta capa representa una posible salida o clase.

👁 EJEMPLO

Consideremos una red neuronal simple para predecir el precio de una casa en función de dos características: el tamaño (en metros cuadrados) y el número de habitaciones.

1. Capa de entrada

Neurona 1: tamaño de la casa (metros cuadrados)

Neurona 2: número de habitaciones

2. Capa oculta

Neurona oculta 1

Neurona oculta 2

Neurona oculta 3

Cada neurona oculta toma las entradas, aplica un peso a cada una, suma los resultados y pasa esta suma por una función de activación (como ReLU o sigmoide).

3. Capa de salida

Neurona de salida = precio de la casa

La neurona de salida toma las salidas de todas las neuronas ocultas, las combina (aplicando sus respectivos pesos y una función de activación) y produce el valor final: la predicción del precio de la casa.

- -

Una de las principales diferencias entre el *machine learning* y el *deep learning* es la profundidad de las capas que este último contempla, imitando las conexiones neuronales de un sistema neuronal biológico.

Neurona artificial

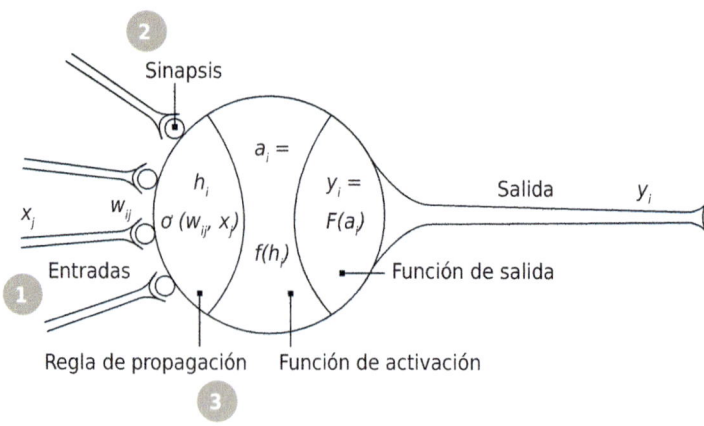

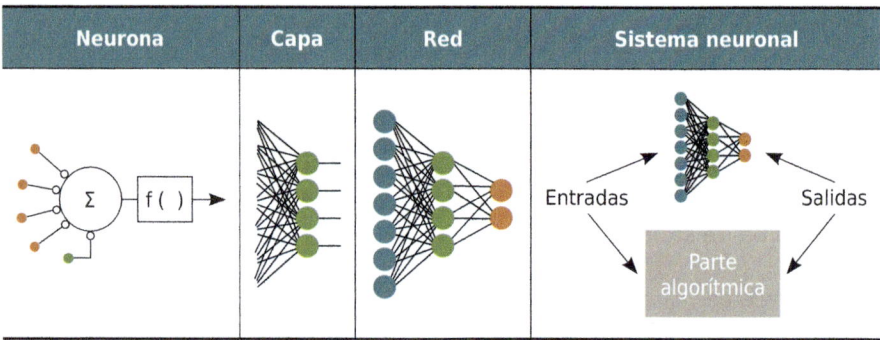

Elementos necesarios para simular artificialmente un sistema nervioso

Las redes neuronales están diseñadas específicamente para el reconocimiento de patrones complejos. Son una evolución avanzada del *machine learning*. Este enfoque no solo trata de imitar cómo los humanos aprenden, sino que se inspira en la actividad de las redes neuronales del cerebro humano.

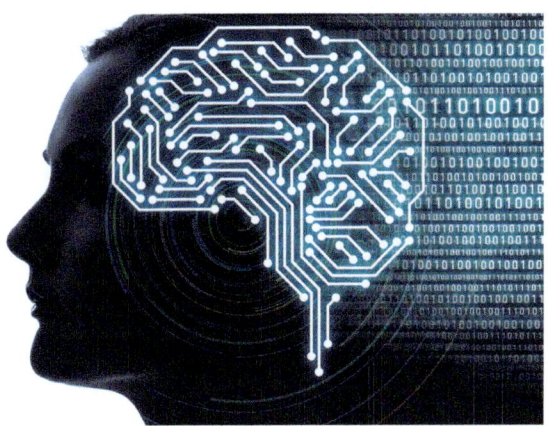

*Utilizando múltiples capas de redes neuronales artificiales, deep
learning puede analizar y extraer información compleja del entorno,
similar a como el cerebro humano percibe y procesa información para
adquirir conocimiento.*

Las **redes neuronales profundas** y los **sistemas expertos** son dos enfoques distintos dentro del campo de la inteligencia artificial, pero comparten el objetivo común de resolver problemas complejos y proporcionar soluciones inteligentes:

1. **Redes neuronales profundas.** Son un tipo de aprendizaje automático inspirado en la estructura del cerebro humano. Están formadas por múltiples capas de neuronas artificiales que procesan datos de manera jerárquica.

   ◊ **Funcionamiento.** Utilizan grandes cantidades de datos y algoritmos de entrenamiento (como el descenso de gradiente) para aprender representaciones complejas de los datos. Cada capa de la red extrae características progresivamente más abstractas.
   ◊ **Aplicaciones.** Reconocimiento de imágenes, procesamiento de lenguaje natural, predicción de secuencias, etc.

2. **Sistemas expertos.** Los sistemas expertos son programas que emulan el juicio y el comportamiento de un ser humano o una organización que tiene experiencia y conocimientos en un campo específico.

   ◊ **Funcionamiento.** Utilizan reglas basadas en conocimiento (si-entonces) y una base de conocimientos para tomar decisiones o resolver problemas. A menudo, incluyen un motor de inferencia que aplica las reglas al conocimiento para derivar conclusiones.
   ◊ **Aplicaciones.** Diagnóstico médico, asesoramiento financiero, planificación logística, etc.

3. **Relación entre ambos:**

◑ Ambos buscan resolver problemas complejos y proporcionar soluciones inteligentes. Las redes neuronales profundas hacen esto aprendiendo patrones y representaciones de datos, mientras que los sistemas expertos lo hacen aplicando reglas y conocimiento predefinido.

◑ Las redes neuronales profundas pueden ser utilizadas para mejorar los sistemas expertos. Por ejemplo, son capaces de analizar grandes cantidades de datos para descubrir nuevas reglas o patrones que pueden ser incorporados en la base de conocimientos de un sistema experto.

◑ Existen sistemas híbridos que combinan redes neuronales profundas y sistemas expertos. En estos sistemas, las redes neuronales suelen ser utilizadas para el procesamiento inicial y la extracción de características, mientras que los sistemas expertos aplican reglas y conocimientos específicos para la toma de decisiones finales.

 IMPORTANTE

Las redes neuronales profundas y los sistemas expertos pueden beneficiarse enormemente de la capacidad de procesamiento mejorada del 5G. Estos sistemas analizan datos complejos a una velocidad sin precedentes, lo cual permite tomar mejores decisiones tiempo real en una variedad de aplicaciones.

6. Gestión de bases de inteligencia

 HILO CONDUCTOR

Para TechCity Solutions, la gestión de bases de inteligencia se refiere a la recopilación, almacenamiento, procesamiento y análisis de grandes volúmenes de datos provenientes de diversas fuentes urbanas para tomar decisiones informadas y optimizar la administración de la ciudad. Toda la información recopilada se almacena en servidores en la nube para garantizar que los datos sean accesibles y puedan procesarse en tiempo real. Este almacenamiento debe ser escalable y seguro para manejar grandes volúmenes de información que crecen constantemente.

La gestión eficiente de grandes volúmenes de datos es fundamental para el éxito de los proyectos de inteligencia artificial y *big data, Google, Netflix, Amazon* son buenos ejemplos de estos éxitos.

 **RECUERDA**

El siguiente esquema describe el proceso en el que la extracción de datos termina convirtiéndose en fuente de conocimiento para la toma de importantes decisiones.

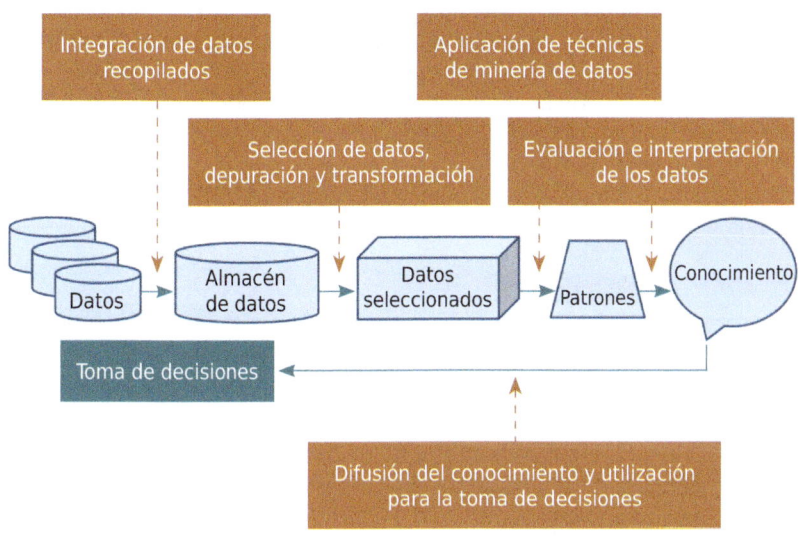

Proceso de transformación de datos en conocimiento con la participación de la minería de datos

Con las tecnologías del 5G, las empresas tienen el potencial para acceder, almacenar y procesar datos con gran agilidad, con lo cual son más eficientes que nunca. Esto les ayuda a extraer información valiosa y tomar decisiones basadas en datos de valor de una manera más productiva.

6.1. *Orange* y *Weka*

Orange y **Weka** están entre las múltiples plataformas de exploración de datos que cuentan con interesantes características para aplicar las técnicas de minería al conjunto de datos y desarrollar modelos de IA.

A continuación, conocerás con más detalle algunos aspectos interesantes de estos programas informáticos:

- ➲ *ORANGE.* Es una plataforma de trabajo para el aprendizaje automático creada por la Universidad de Ljubljana. Se trata de un *software* de código abierto que facilita la visualización de datos y la creación de flujos de trabajo en el análisis de datos de una manera muy visual. Cuenta con diversas herramientas para facilitar el manejo y procesamiento de un gran volumen de datos.
- ➲ *WEKA.* Otra conocida plataforma de trabajo para el aprendizaje automático creada por la Universidad de Waikato. Se trata de un *software* de código abierto con una intuitiva interfaz gráfica. Su uso está recomendado para tanto como plataforma de enseñanza como aplicaciones empresariales en las que se manejan una ingesta importante de datos. Contiene herramientas diversas para llevar a cabo las tareas propias del aprendizaje automático: *Scikitlearn, R* y *Deeplearning4j.*

 IMPORTANTE

Tanto *Orange* como *Weka* son programas de código abierto que sirven para construir modelos basados en inteligencia artificial sobre un conjunto de datos, a fin de obtener resultados predictivos que den solución a multitud de problemas. Realizan tareas de explotación y exploración de datos, entrenando al algoritmo para desempeñar tareas.

La *suite* de aprendizaje automático *Orange* está siendo desarrollada por la Universidad eslovena de Ljubljana. Miembros de la Facultad de Informática han conseguido diseñar una ágil herramienta con una interfaz de programación realmente versátil que permite aplicar las técnicas de minería de datos con cierta facilidad.

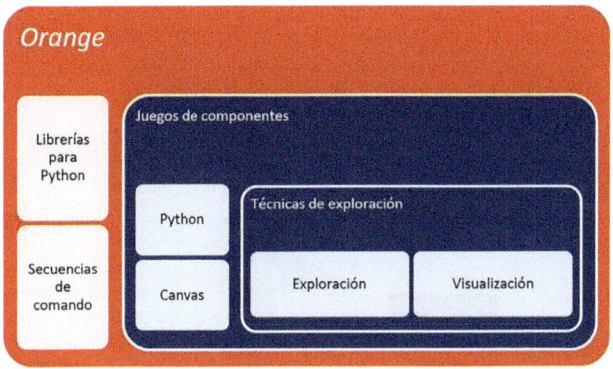

Este *software* permite programar la visualización de información para el **análisis de las exploraciones de datos,** las **secuencias de comando** y la **librería de** *Python.*

Python es un lenguaje de programación mundialmente conocido. Sus numerosas librerías compuestas de paquetes y módulos que contienen operaciones para que el programa desarrollado ejecute tareas acorde a los objetivos.

 PARA SABER MÁS

Si te interesa el lenguaje de programación de *Python,* o bien tienes interés por conocer cómo se desarrollan las *apps,* o aprender más sobre las librerías de Python, escanea el siguiente QR, que ofrece información interesante sobre este conocido lenguaje informático.

https://redirectoronline.com/ifcd990414

Continúa en página siguiente >>

<< Viene de página anterior

Ejemplos de librerías de Python. Fuente: decodigo.com

Orange cuenta además con un atractivo **juego de componentes** conocidos como *widgets,* que sirven para el procesamiento de un gran volumen de datos:

➲ **Aplicación para la entrada de datos y salidas.** *Orange* soporta diferentes formatos de datos como protocolo de comunicación. Entre ellos están:

    ◔ Formato retis
    ◔ Formato tab
    ◔ Formato assistant
    ◔ Formato C4.5

➲ **Aplicación para el preprocesamiento de datos.** Selección de datos, depuración, transformación, etc.
➲ **Aplicación para el modelado predictivo.** Selección de modelos en función del enfoque:

    ◔ Árboles de decisión
    ◔ Bayes
    ◔ Reglas de asociación
    ◔ Regresión
    ◔ Etc.

- **Aplicación de técnicas para la descripción de datos.** Métodos de *clustering, k-means, etc.*
- **Aplicación de técnicas de validación del modelo.** Entre ellas está la técnica *cross-validation* o método de validación cruzada.

NOTA

Una gran biblioteca de componentes posibilita a los usuarios del programa, ya sean expertos o no, una investigación más orientada a focalizar en temáticas concretas.

Existen dos fórmulas para acceder a los componentes que presenta *Orange:*

- ***Scripts* de *Python*.** Los *scripts* son secuencias de comandos. Informalmente se hace referencia a ellos para nombrar lenguajes de programación. Para este caso hablamos del conocido lenguaje de programación *Python.*
- ***Widgets* desde *Canvas*.** Los *widgets* son pequeñas aplicaciones que facilitan el acceso a funciones para mostrar información de manera visual. Gracias a ellos se posibilita la interacción con información que se intercambia en Internet. Para *Orange, Canvas* es el programa de información gráfica que utiliza.

NOTA

Orange es una plataforma con múltiples funcionalidades de *software* libre y código abierto. Esto permite a los usuarios poder disponer de ella e incluso realizar modificaciones del *software,* siempre que estas acciones se lleven a cabo para mejorar el programa.

Recuerda que al descargar *Orange* ten en cuenta el sistema operativo que tenga tu dispositivo.

 **PARA SABER MÁS**

Escanea el siguiente QR para acceder a la web de *Orange*.

https://redirectoronline.com/ifcd990415

Visualización interactiva de datos

Orange permite que el conocimiento adquirido en el procesamiento de datos pueda traducirse en **visualizaciones interactivas.** Estas visualizaciones facilitan la comunicación y comprensión de las predicciones.

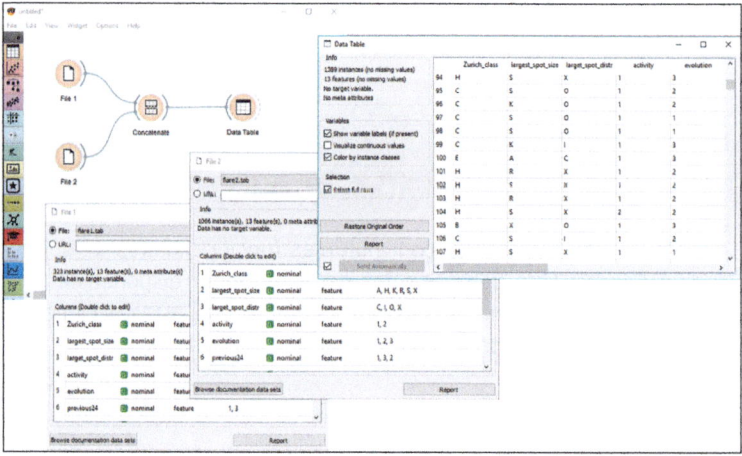

Representación gráfica de tablas de datos en Orange. Fuente: orangedatamining.com

Antes de contar con algunos ejemplos gráficos de *Orange* para conocer cómo se visualizan los datos de forma interactiva, has de saber qué información puede descubrir y de qué forma se muestran estas interacciones:

Visualizar patrones
Facilita la visualización de patrones ocultos en la información descubiertos por el modelo.

Desarrollar la inteligencia intuitiva de las organizaciones
Facilita la visualización de procedimientos intuitivos que apoyarán conclusiones para la toma de decisiones partiendo de la analítica de datos. Proporciona una comunicación mediante gráficas muy claras y sencillas.

Visualizar información específica
Cuenta con widgets de visualización como diagramas de dispersión, diagrama de caja e histograma. Esto permite mostrar la base de datos con visualizaciones muy específicas:
- Dendogramas
- Diagramas de silueta
- Árboles
- Etc.

Utilizar diferentes complementos de visualización
Ofrece la posibilidad de utilizar complementos que pueden mostrar visualizaciones de varios tipos:
- Mapas geográficos
- Redes
- Nubes de palabras
- Etc.

Contar con visualizaciones interactivas estandarizadas hace de *Orange* una herramienta realmente interesante. Facilita la comprensión del trabajo realizado por el algoritmo o la red neuronal a través de distintas fórmulas:

- **Diagrama de dispersión.** Perfecto para visualizar las correlaciones entre pares de variables o atributos.

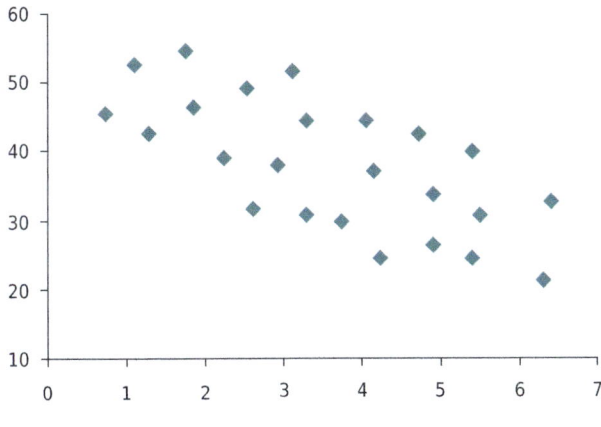

⟳ **Diagrama de caja.** Perfecto para visualizar estadísticas básicas.

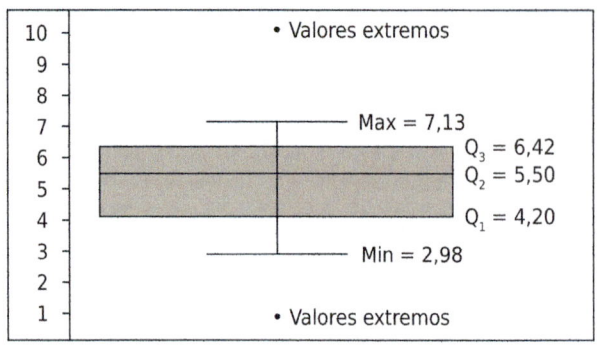

⟳ **Mapa de calor.** Perfecto para visualizar una representación general de todo el conjunto de datos.

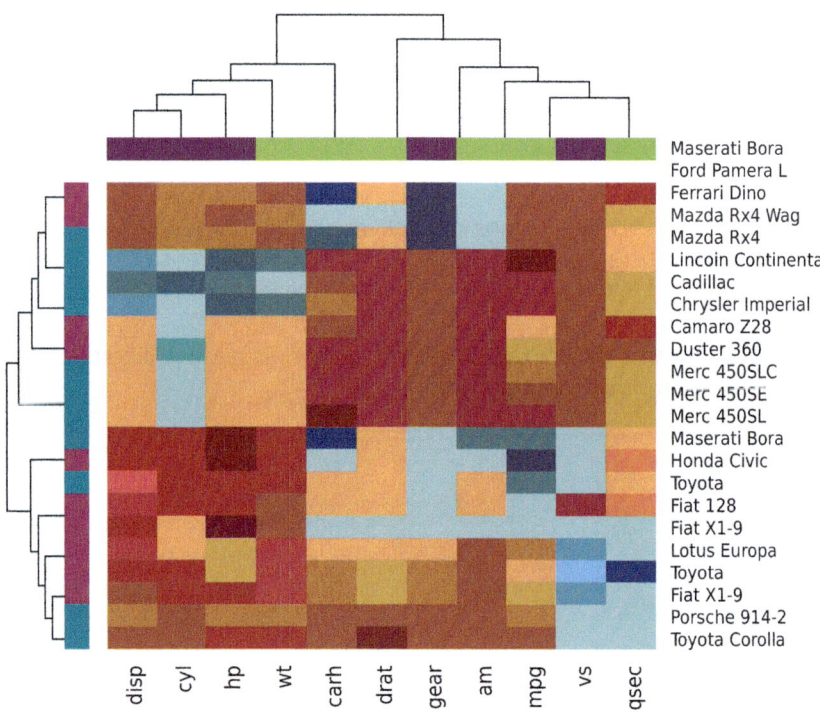

◆ **Diagrama de proyección.** Perfecto para trazar los datos específicos del caso (datos multinomiales) en dos dimensiones.

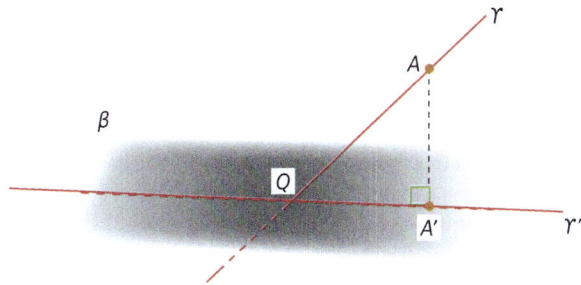

Una vez que se han cargado los datos en *Orange* y estos han sido procesados en esta multiplataforma, es posible convertir las visualizaciones en **gráficos interactivos.**

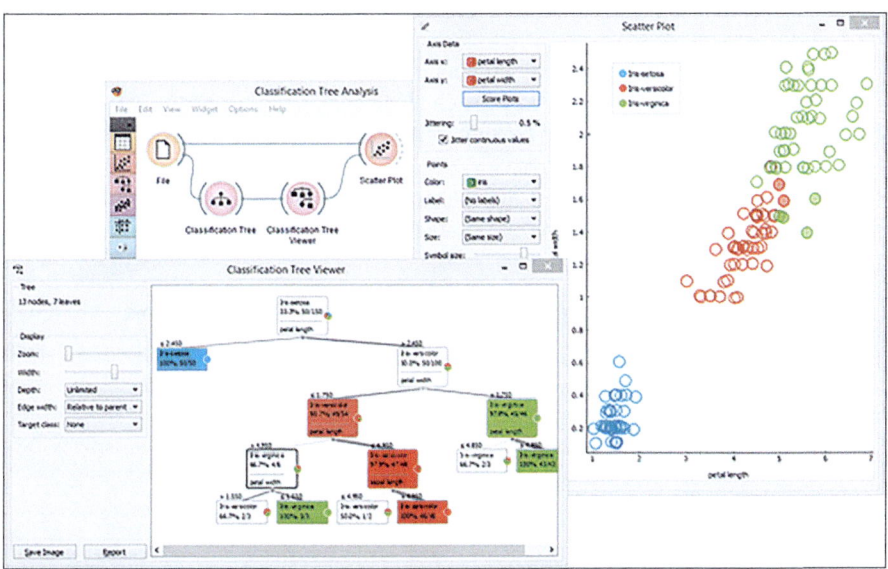

La interactividad de las visualizaciones permite seleccionar puntos de datos en diagramas de dispersión, también seleccionar algún nodo en el árbol de clasificación. Fuente: orangedatamining.com

 **EJEMPLO**

El diagrama de dispersión analiza la relación existente entre dos variables, cómo afecta en una variable los cambios producidos en otras y las posibles relaciones causa/efecto. Visualizar todo ello de forma gráfica ayuda a interpretar los información con mayor precisión.

En este ejemplo se utiliza el diagrama de dispersión para explorar cómo las horas de estudio afectan las calificaciones del alumnado. Esto permite interpretar y comunicar la información con mayor precisión y efectividad. Esta técnica es especialmente útil en la identificación de patrones y relaciones que pueden ser clave para la toma de decisiones.

Imagina que queremos analizar cómo las horas de estudio afectan en las calificaciones de un examen final donde la variable 1 (eje X): horas de estudio y la variable 2 (eje Y): calificaciones en el examen final.

Los pasos en *Orange* serían los siguientes:

1. Importar datos: cargamos un conjunto de datos que contiene información sobre las horas de estudio y las calificaciones del alumnado.
2. Seleccionar variables: en *Orange,* seleccionamos las variables, que son horas de estudio y calificaciones.
3. Crear diagrama de dispersión: utilizamos el *widget* de diagrama de dispersión *(scatter plot)* para visualizar la relación entre estas dos variables.

Relación entre Horas de Estudio y Calificaciones

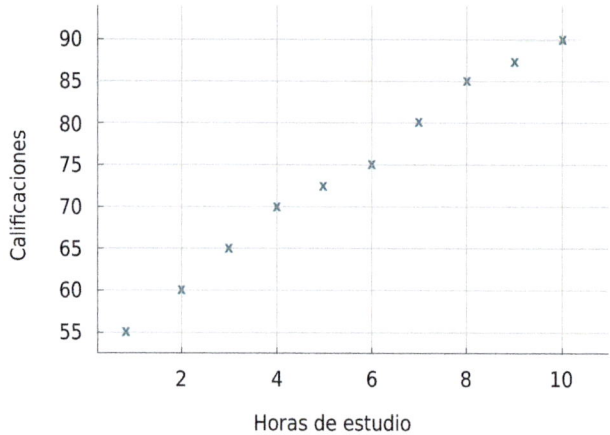

Continúa en página siguiente >>

<< Viene de página anterior

Eje X: representa las horas de estudio.

Eje Y: representa las calificaciones obtenidas en el examen final.

Puntos en el gráfico: cada punto representa a un estudiante, con su posición en el eje X correspondiente a las horas que estudió y su posición en el eje Y correspondiente a la calificación que obtuvo.

Análisis:

- Patrón de dispersión: si los puntos muestran una tendencia ascendente, es decir, a medida que aumentan las horas de estudio también aumentan las calificaciones, podemos inferir una relación positiva entre las dos variables.
- Relación causa/efecto: este patrón sugiere que incrementar las horas de estudio podría llevar a mejores calificaciones, indicando una posible relación de causa y efecto.

Visualización

En el gráfico anterior, hemos observado cómo las calificaciones tienden a aumentar con el incremento de las horas de estudio; sin embargo, también podemos encontrarnos con algunas excepciones, lo que sugeriría que otros factores podrían estar influyendo en las calificaciones.

Interpretación de resultados de visualización

La **interpretación de los gráficos** es realmente importante, más aún cuando se puede incidir de manera interactiva en pares de variables. Por ejemplo, el **diagrama de dispersión** puede mostrar resultados diferentes al seleccionar un punto de datos, o bien utilizar un **diagrama de caja,** a través del cual se obtendría una representación muy visual que describiría varias características relevantes de las variables en un mismo tiempo.

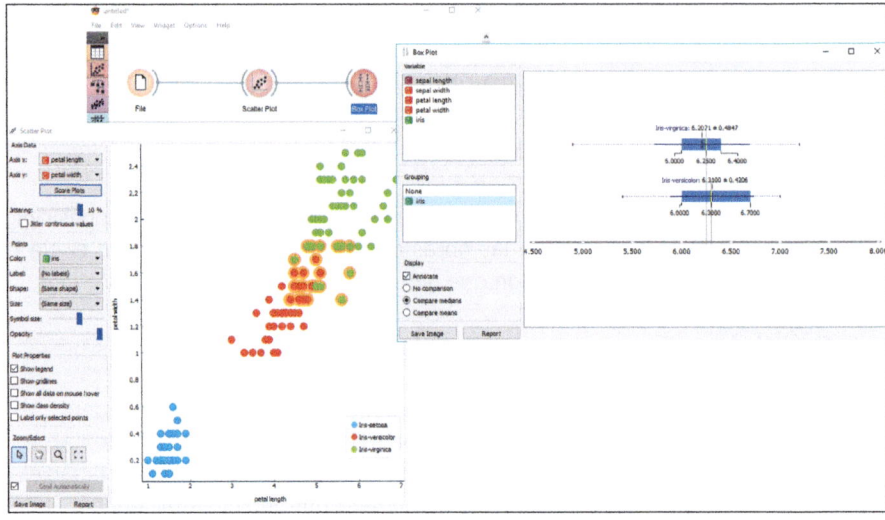

El resultado del análisis ofrece una imagen visual de un diagrama de caja. En una línea se representan los valores máximos y mínimos de los datos, permitiendo así visualizar medidas estadísticas y otra información adicional valiosa como valores extremos. Fuente: orangedatamining.com

Con la visualización interactiva es posible razonar la existencia de un patrón de comportamiento en dos grupos de mediciones. Por ejemplo, el diagrama de dispersión permite conocer de antemano cómo es el tipo de relación entre pares de variables seleccionadas:

⊃ **Relación nula.** La correlación entre variables es inexistente, por lo que no se aprecia ningún tipo de relación.

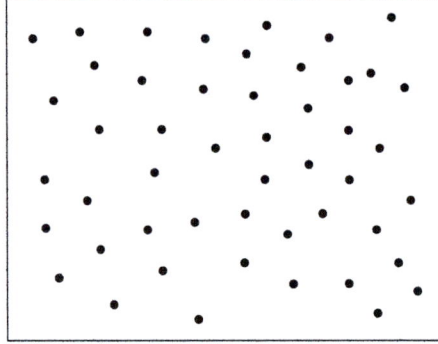

⊃ **Alta correlación positiva.** Existe un leve incremento del valor de una variable (X) a medida que aumenta el valor de la otra variable (Y).

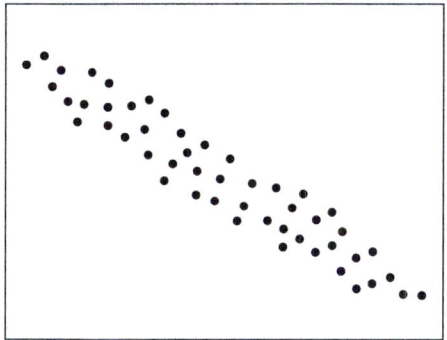

⮕ **Baja correlación positiva.** Existe un leve incremento del valor de una variable (Y) a medida que aumenta el valor de la otra variable (X).

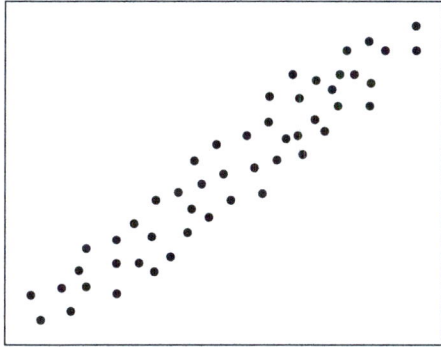

⮕ **Fuerte correlación negativa.** Existe una clara disminución del valor atribuido a la variable (X) conforme se incrementa el valor de la variable (Y).

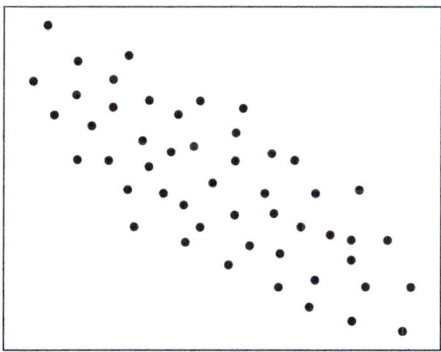

⮑ **Débil correlación negativa.** Existe una tímida disminución del valor atribuido a la variable (X) conforme se incrementa el valor de la variable (Y).

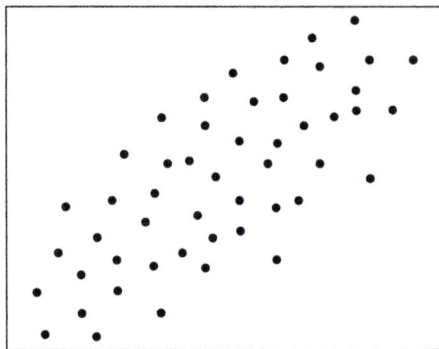

⮑ **Relación compleja.** Es difícil establecer con claridad la relación establecida entre las dos variables, aunque si se puede apreciar cierta relación.

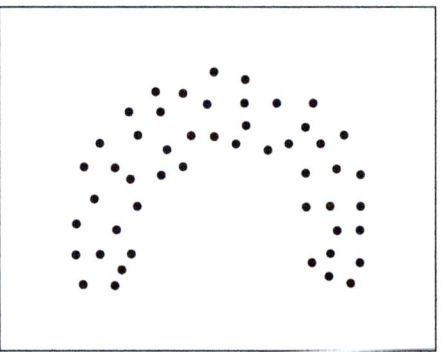

 **TAREA 1**

Gabriel acaba de comenzar a coquetear con una plataforma de aprendizaje automático. Él es estadístico de profesión y, tras encontrar muchas dificultades laborales, ha decidido emprender una actividad en el sector de la consultoría. Gabriel quiere aprovechar todas las oportunidades que ofrece *machine learning* para ofrecer servicios estadísticos a empresas del sector educativo. Por este motivo, y tras crear una base de datos, quiere comenzar a entrenar el algoritmo

Continúa en página siguiente >>

<< Viene de página anterior

e ir interactuando con distintos gráficos para obtener estadísticas básicas. ¿Podrías indicarle a Gabriel qué gráficos de *Orange* permiten visualizar datos estadísticos e interactuar con ellos?

A partir de esto, distingue los tipos de gráficas interactivas que has conocido hasta ahora por medio de los componentes de *Orange*.

En *Orange* es posible interactuar con los distintos gráficos que ofrece esta plataforma. Cualquier interacción que hagamos la entenderá como una instrucción para generar una rápida respuesta de los datos en tiempo real.

A continuación vas a ver lo fácil que es interactuar con los gráficos:

Selección del área
Al seleccionar un conjunto de datos dentro de un gráfico, estos se enviarán como un subconjunto de datos pertenecientes a esa parte seleccionada del gráfico de visualización.

Respuesta a la interacción
Posteriormente y al interactuar en el área seleccionada provocará una respuesta en tiempo real del modelo.

En la imagen se muestra la combinación, en un mismo panel de visualización, de un **diagrama de dispersión** con un **árbol de clasificación.**

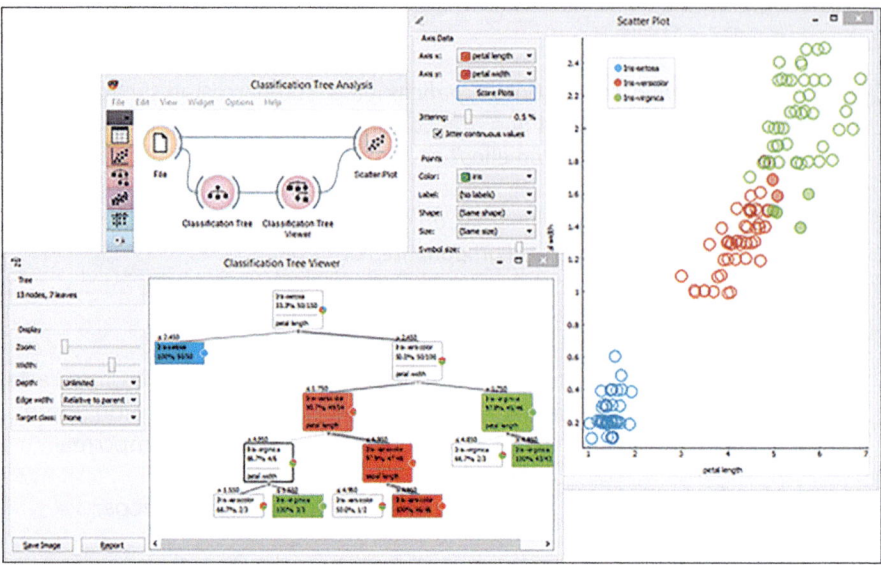

Visualización e interacción en el árbol de clasificación y visualización de resultados como diagrama de dispersión.
Fuente: orangedatamining.com

NOTA

El diagrama muestra el global de los datos, pero destaca el subconjunto de datos al que pertenece el nodo seleccionado del árbol de clasificación.

6.2. Flujos de trabajo

Orange cuenta con otras funcionalidades, además de las visualizaciones interactivas. La virtud principal de este programa es que su interfaz es muy sencilla. Su uso está indicado tanto para usuarios expertos como para aquellos otros que carecen de experiencia en la explotación de datos dirigidos al aprendizaje automático.

◗ **Sus *widgets*.** Los *widgets* son las unidades de trabajo de *Orange*. Estos componentes son los que dotan de funcionalidad a la plataforma. Para que *Orange* sea operativa necesitará de dos ingredientes básicos:

  ◗ Los componentes o *widgets*.
  ◗ Los datos

El *software* de *Orange* cuenta con una gran y variada biblioteca de componentes.

⮺ **Sus funcionalidades.** Los *widgets* llevan a cabo multitud de tareas que hacen posible que sea operativa la plataforma de *Orange:*

- ◗ Leen los datos
- ◗ Procesan los datos
- ◗ Visualizan los datos
- ◗ Agrupan los datos
- ◗ Crean modelos predictivos y ayudan a estos modelos a llevar a cabo la exploración de los datos

NOTA

La simplicidad de *Orange* se basa en la funcionalidad de sus *widgets*, consistente en una gran biblioteca de componentes, puesto que la analítica de datos se lleva a cabo con la compilación de estas funcionalidades en los flujos de trabajo.

En la mayoría de las ocasiones, cuando se procede a iniciar un **flujo de trabajo** sobre un lienzo en blanco, se suele utilizar el componente llamado **File.**

Es tan sencillo como seleccionar con el ratón el *widget* correspondiente y arrastrarlo a esa gran área en blanco de trabajo que aparece al lado derecho de esta primera pantalla, y que prácticamente ocupa todo el espacio de trabajo.

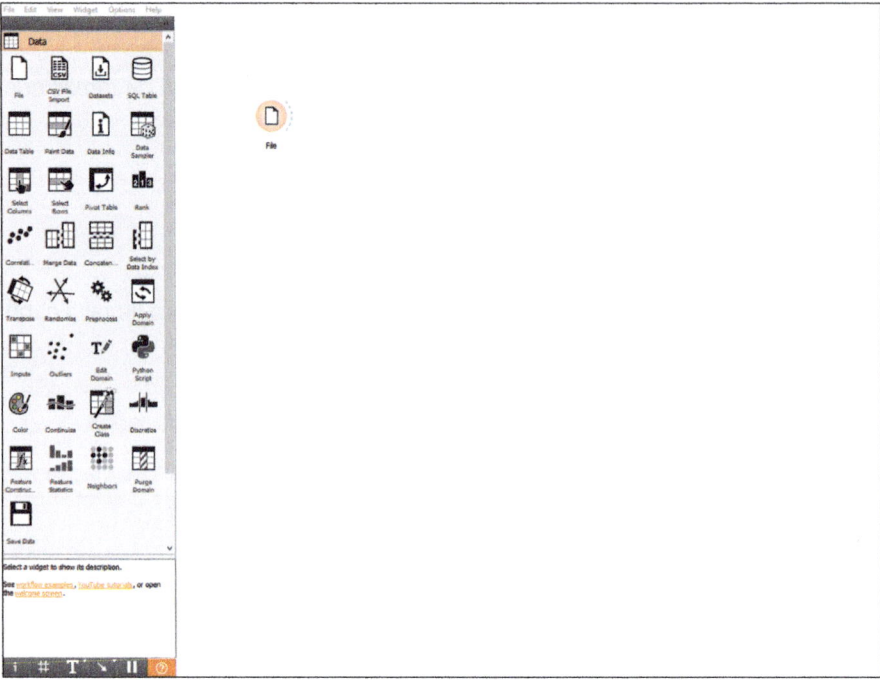

Área de trabajo de Orange. Fuente: aplicación Orange

 **DEFINICIÓN**

Flujo de trabajo

Corresponde a la secuencia de acciones para poder llevar a cabo una tarea concreta.

 ACTIVIDAD COMPLEMENTARIA

2. Crea tu primer flujo de trabajo en el lienzo de *Orange,* iniciándolo con unos sencillos pasos. Para ello, descarga en tu ordenador este programa gratuito. Una vez lo tengas instalado, solo tendrás que cerrar la primera ventana que aparece en él y quedarte con el lienzo el blanco.

Continúa en página siguiente >>

<< Viene de página anterior

Después dirígete a la columna de componentes y selecciona *Widget File* en el apartado DATA. Finalmente arrástralo hacia el panel en blanco que está a la derecha. No olvides clicar con el botón derecho del ratón sobre el componente "File" para cambiarle así su nombre.

Nombra a este componente con un apodo que identifique la base de datos que insertarás más adelante con idea de aplicar técnicas de *data mining.*

¿Cómo ha sido la experiencia?

Al acceder a la plataforma de *Orange* y al navegar por los distintos *widgets,* observarás que cada uno de ellos lleva incorporadas distintas funcionalidades. Todas esas tareas corresponden a técnicas de minería de datos basadas en componentes.

***Data mining* basada en componentes**
Fuente: orangedatamining.com

Widgets

- Recuperación de datos
- Preprocesamiento de datos
- Visualización de datos
- Modelado
- Evaluación del modelo

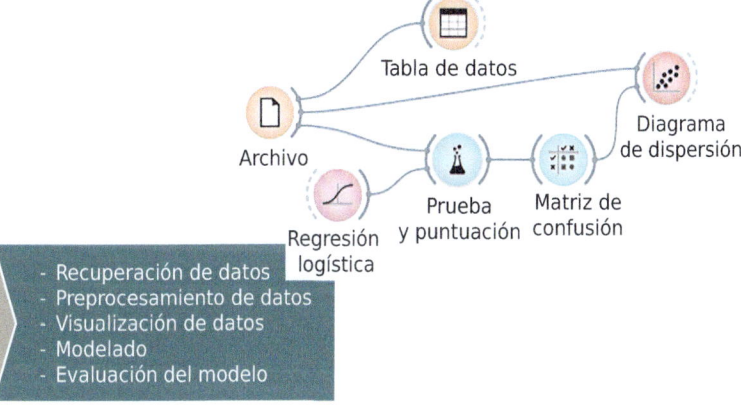

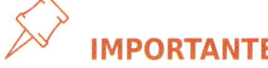

IMPORTANTE

La combinación de los distintos componentes *(widgets)* en los flujos de trabajo con *Orange* posibilita la creación de sencillos esquemas de analíticas de datos en tiempo real.

La visualización interactiva de *Orange* es algo que destacar en este *software*. Sin embargo, lo que verdaderamente se aprecia de esta increíble plataforma es la facilidad con la que se pueden llevar a cabo una **exploración interactiva de datos.**

El proceso de exploración descrito de una manera muy sencilla es el siguiente:

- ⮑ **Comunicación entre componentes.** Los distintos componentes de *Orange* se comunican entre sí. Por ejemplo, un componente de archivo cuya tarea sea la de leer los datos, conecta su salida con otro componente como por ejemplo una tabla de datos. Como resultado se obtendrá un flujo de trabajo que está funcionando en tiempo real.
- ⮑ **Recepción y envío de datos entre componentes.** Los componentes reciben datos sobre la entrada y envían datos procesados o ya filtrados. El envío puede ser modelos de IA o cualquier otro elemento que haga que se convierta en un *widget* de salida. Esto significa que, si existiera cualquier interacción que afectara a los datos de entrada, como por ejemplo cambiar un parámetro, automáticamente se propagarán los cambios de manera instantánea al siguiente flujo de trabajo. La respuesta de todos los componentes posteriores a un cambio es inmediata.

Orange posibilita la construcción de flujos de trabajo complejos al permitir distintas conexiones de componentes. De esta manera, es posible vislumbrar las respuestas de los modelos frente a una importante variedad de tareas.

 SABÍAS QUE...

Para practicar sobre la marcha, *Orange* tiene cargada varias bases de datos, con las que puedes directamente trabajar y realizar una exploración de datos, a la par que vas aprendiendo a utilizar esta interesante herramienta.

Aprende a acceder a estas bases de datos siguiendo estos dos pasos:

Paso 1

Abre el componente seleccionado con doble clic. Accederás a distintas base de datos. Elige la que más te guste para practicar. Observarás que se trata de base de datos reales, ya que *Orange* hace una descripción e identifica correctamente la fuente.

Continúa en página siguiente >>

<< Viene de página anterior

Title	Size	Instances	Variables	Target		Tags
● Bank Marketing	466.1 KB	4119	20	C	categorical	economy
Breast Cancer and Docetaxel Treatment	1.8 MB	24	9486	C	categorical	biology
Smoking effect on B lymphocytes	1.8 MB	79	3000	C	categorical	genomics
Bone marrow mononuclear cells with AML	582.0 KB	96	1000	C	categorical	genomics
HDI	65.1 KB	188	66	N	numeric	economy, geo
Abalone	187.5 KB	4177	8	N	numeric	biology
Adult	4.1 MB	32561	15	C	categorical	economy
Attrition - Predict	838 bytes	3	18	C	categorical	economy, synthetic, education
Attrition - Train	182.2 KB	1470	18	C	categorical	economy, synthetic
Auto MPG	17.3 KB	398	9	N	numeric	
Banking Crises	31.3 KB	211	73			time, economy
Bone Healing	11.6 KB	37	0	C	categorical	image analytics, biology
Breast Cancer Wisconsin	34.9 KB	683	10	C	categorical	biology
Breast Cancer	18.4 KB	286	10	C	categorical	biology
Pittsburg Bridges	6.1 KB	108	11			design
Baker's Yeast	95.7 KB	186	81	C	categorical	biology
Liver Disorders	7.2 KB	345	11	C	categorical	biology
Car Evaluation	50.7 KB	1728	6	C	categorical	synthetic
Conferences	2.3 KB	42	5			
Cyber Security Breaches	225.0 KB	1055	10			security, time, geo
Dermatology	30.9 KB	366	35	C	categorical	biology, medical
Development of Social Amoeba	15.5 KB	152	0	C	categorical	image analytics, biology
Illegal waste dumpsites in Slovenia	2.8 MB	13165	25			geo, timeseries, ecology
Foodmart 2000	4.0 MB	62560	126			economy, associate, basket
Forest Fires	31.3 KB	517	12	N	numeric	ecology
Glass	10.4 KB	214	10	C	categorical	physics, criminology
Grades for English and Math	265 bytes	12	3			synthetic, educational

Datasets. Fuente: Orange

Paso 2

Al seleccionar una de las bases de datos, te aparecerá en el margen inferior izquierdo una ventanita con una cifra. Pulsa sobre ella y te proporcionará detalles interesantes con los que trabajarás, como:

- Número de instancias
- Números de variables
- Números de características
- Porcentaje de valores perdidos
- *Target* y meta.

Continúa en página siguiente >>

<< Viene de página anterior

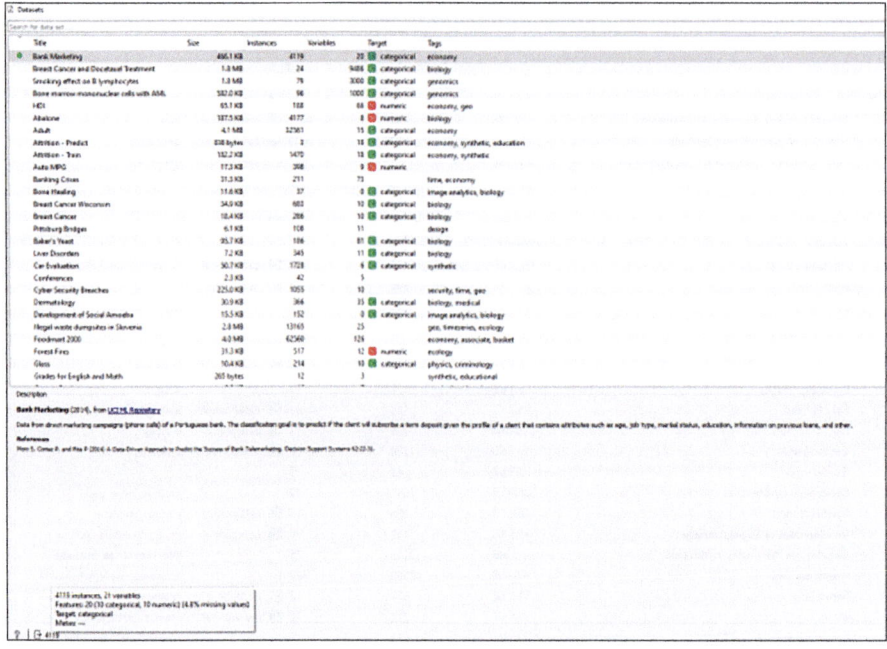

Datasets. Fuente: Orange

 ## APLICACIÓN PRÁCTICA

Debido a la gran complejidad que supone el funcionamiento de su empresa, Matías está utilizando *Orange* para construir flujos de trabajo complejos. Esta labor le permitirá anticiparse a respuestas del mercado, pudiendo visualizar los resultados obtenidos tras analizar datos con los que está interactuando. Matías maneja distintos paquetes de variables, que han sido seleccionadas de una tabla. En primer lugar introduce datos de entrada a través de un componente de archivo. Posteriormente *Orange* los convierte con otra *widget* en una tabla. Finalmente, tras seleccionar de la tabla distintas variables, el resultado se muestra en una gráfica. Con el resultado Matías podrá observar distintas influencias de las variables.

Continúa en página siguiente >>

<< Viene de página anterior

¿Podrías indicar qué tipo de gráfica ha seleccionado el modelo de Matías para visualizar de forma interactiva el flujo de trabajo mostrado en la imagen?

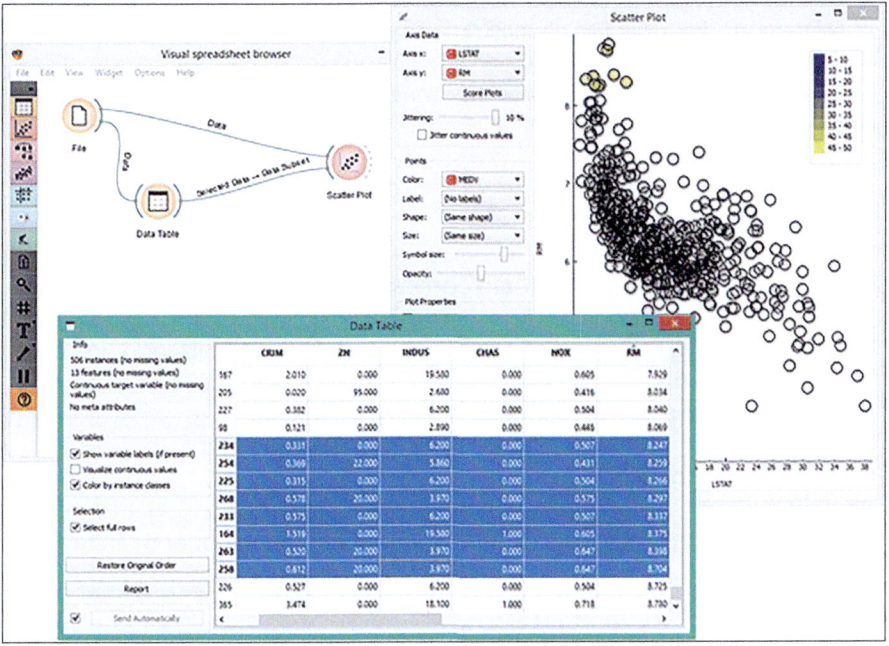

Flujo de trabajos complejos en Orange. Fuente: orangedatamining.com

Solución

Matías dispone de una visualización interactiva representado por un diagrama de dispersión. Parece que el objetivo de Matías es visualizar las correlaciones entre diferentes pares de variables o atributos seleccionados de una tabla.

- -

 **TAREA 2**

El negocio de Martín maneja un conjunto importante de datos. Él pretende utilizarlos para poder sacar provecho de todo ello, ya que ha averiguado que,

Continúa en página siguiente >>

<< Viene de página anterior

sin tener grandes conocimientos y empleando unas herramientas adecuadas, él mismo puede extraer información e incluso obtener una previsión de ventas.

Según esto, ayuda a Martín a crear su primer flujo de trabajo en *Orange,* interactuando con los elementos que forman parte de la caja de herramientas de esta plataforma. Para ello has de mostrarle cómo es un flujo de trabajo conectando varios componentes, incluido el de visualización (no es necesario cargar datos, solo mostrar cómo sería el orden de conexión entre componentes en un flujo de trabajo simple).

Construcción de un flujo de trabajo con base de datos propia

Es posible utilizar *Orange* para **crear un modelo de IA** utilizando una **base de datos propia.** *Orange* es una plataforma de análisis de datos y aprendizaje automático que permite a los usuarios lo siguiente:

⮞ **Importar los datos:**

　↻ Abre *Orange* y selecciona el *widget File* para importar tu archivo de datos (puede ser en formatos como CSV, *Excel,* etc.).
　↻ Configura el *widget* para cargar tu base de datos.

⮞ **Preprocesar los datos:**

　↻ Utiliza *widgets* como *Select Columns* para elegir las columnas relevantes.
　↻ Emplea el *widget Data Table* para visualizar y limpiar los datos si es necesario.
　↻ Puedes usar "Edit Domain" para cambiar los tipos de datos y "Continuize" para transformar datos categóricos a numéricos.

⮞ **Dividir los datos:**

　↻ Usa el *widget Data Sampler* para dividir tu conjunto de datos en conjuntos de entrenamiento y prueba.

⮑ **Seleccionar un modelo:**

○ Arrastra un *widget* de modelo como *Logistic Regression, Random Forest, Neural Network,* etc., según el tipo de análisis que deseas realizar.

⮑ **Entrenar el modelo:**

○ Conecta el *widget* de datos de entrenamiento al *widget* del modelo para entrenar el modelo.

⮑ **Evaluar el modelo:**

○ Utiliza *widgets* como *Test & Score* para evaluar el rendimiento del modelo.
○ Conecta el *widget* de datos de prueba y el modelo al *widget Test & Score* para obtener métricas de evaluación como precisión, *recalls, F1 score,* etc.

⮑ **Visualizar los resultados:**

○ Usa *widgets* de visualización como *Confusion Matrix, ROC Analysis* y *Scatter Plot* para interpretar los resultados.

Presta atención a un flujo de trabajo típico en *Orange* que permite a los usuarios crear y evaluar modelos de IA utilizando sus propias bases de datos.

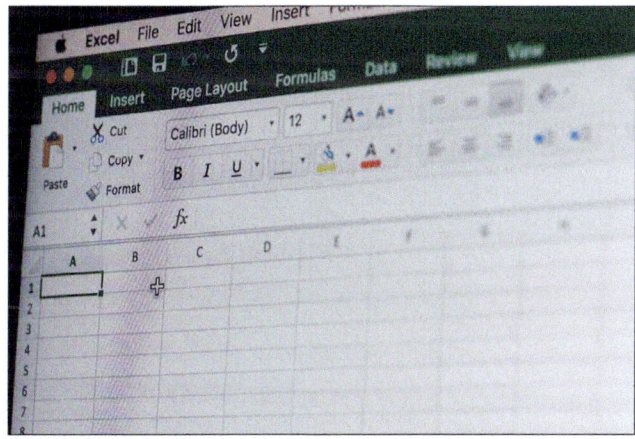

Orange admite la lectura de diversos formatos de bases de datos tales como Excel, archivos CSV, etc. Incluso admite la incorporación de datos a través de URL utilizando el programa de hojas de cálculo Google Sheets.

Pero antes ten claro cuál sería un ejemplo sencillo de esquema de trabajo:

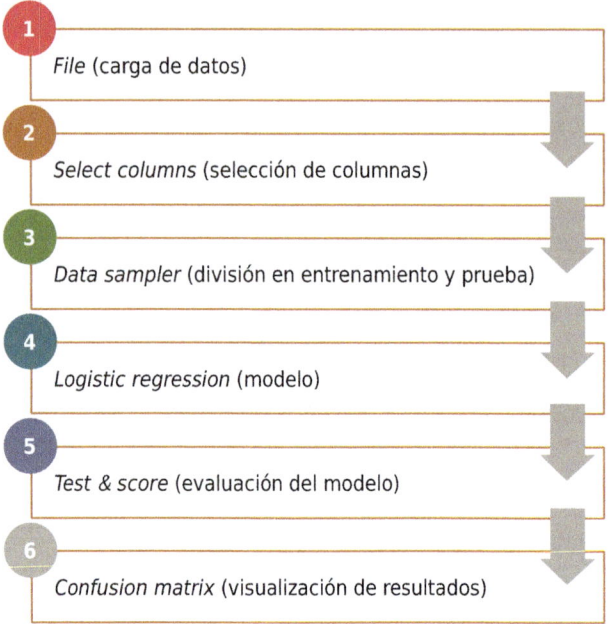

1 *File* (carga de datos)

2 *Select columns* (selección de columnas)

3 *Data sampler* (división en entrenamiento y prueba)

4 *Logistic regression* (modelo)

5 *Test & score* (evaluación del modelo)

6 *Confusion matrix* (visualización de resultados)

 **EJEMPLO**

Con este ejemplo, se persigue conseguir el objetivo de construir un modelo de clasificación que prediga una variable objetivo utilizando las herramientas de *Orange*. El proceso sigue los siguientes pasos, que se pueden observar en las imágenes proporcionadas:

Continúa en página siguiente >>

<< Viene de página anterior

1. Carga del archivo de datos:

- *Widget* **File**

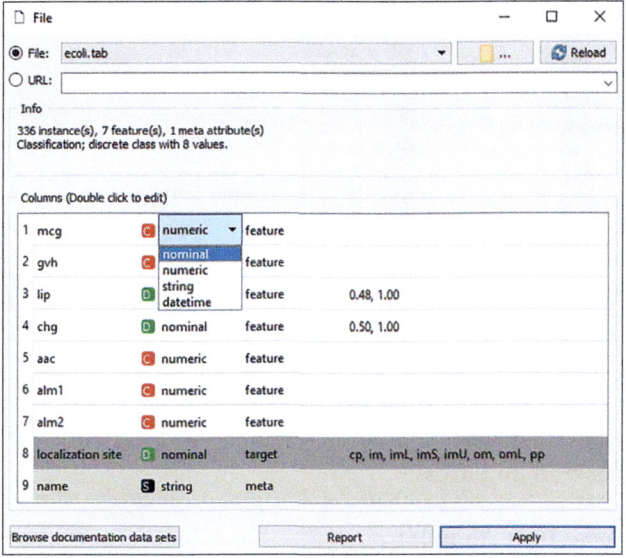

*Ejemplo de inicio de flujo de trabajo con **File**. Fuente Orange.*

El flujo comienza cargando el conjunto de datos desde el *widget* File, como se ve en la primera imagen. En este caso, se carga el archivo ecoli.tab, que contiene características numéricas y categóricas, con una columna objetivo llamada "localization site", que será la variable que intentaremos predecir. Configuración de las columnas: Aquí se definen las columnas como "numéricas", "nominales", "meta" u "objetivo", dependiendo de su tipo de dato y su función en el análisis.

2. Selección de columnas:

- *Widget* **Select Columns**

Una vez cargados los datos, el siguiente paso es seleccionar las columnas relevantes para el análisis. Este *widget* permite eliminar columnas innecesarias o seleccionar características específicas. Esto es clave para simplificar y optimizar el proceso de modelado. Observa la segunda imagen.

Continúa en página siguiente >>

<< Viene de página anterior

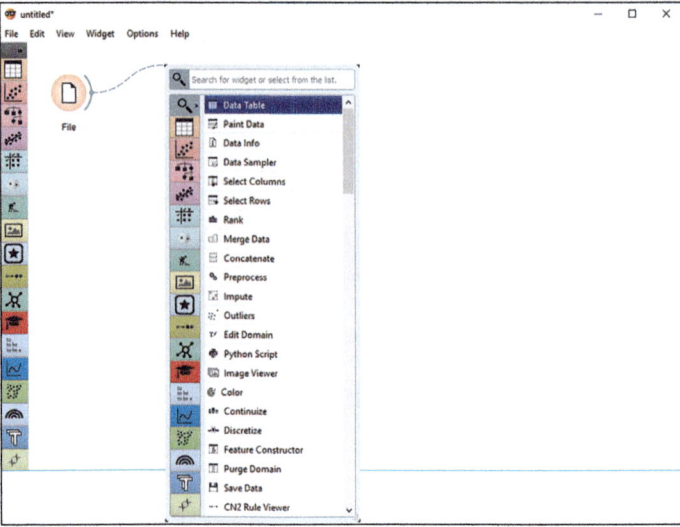

*Ejemplo flujo de trabajo **Select Columns**. Fuente Orange.*

3. Muestreo de datos:

- *Widget* **Data Sampler**

  Este *widget* divide el conjunto de datos en dos partes, una para entrenar el modelo, y otra para probar su rendimiento. En la tercera imagen, se puede ver cómo se realiza una división del conjunto de datos, utilizando un muestreo del 70 % para el entrenamiento y el 30 % restante para la prueba.

Continúa en página siguiente >>

<< Viene de página anterior

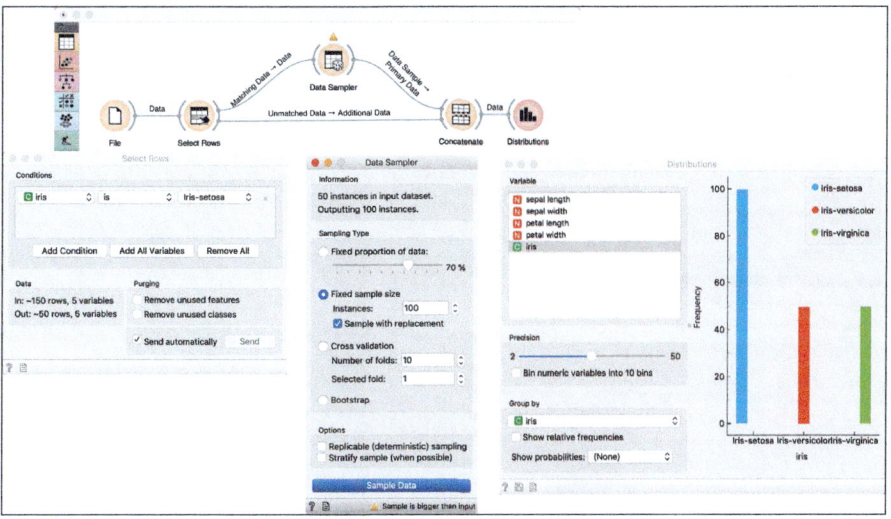

*Ejemplo flujo de trabajo **Data Sampler**. Fuente Orange.*

También se puede ajustar el tamaño de muestra o realizar un muestreo determinístico para garantizar la replicabilidad del experimento.

4. Creación del modelo:

- *Widget* **Logistic Regression**

En la cuarta imagen, se muestra cómo se puede utilizar el modelo de Regresión Logística para predecir la clase objetivo. Este *widget* permite ajustar parámetros como el tipo de regularización o Ridge y la fuerza de regularización. El modelo se entrena utilizando los datos de entrenamiento seleccionados en pasos anteriores.

Continúa en página siguiente >>

<< Viene de página anterior

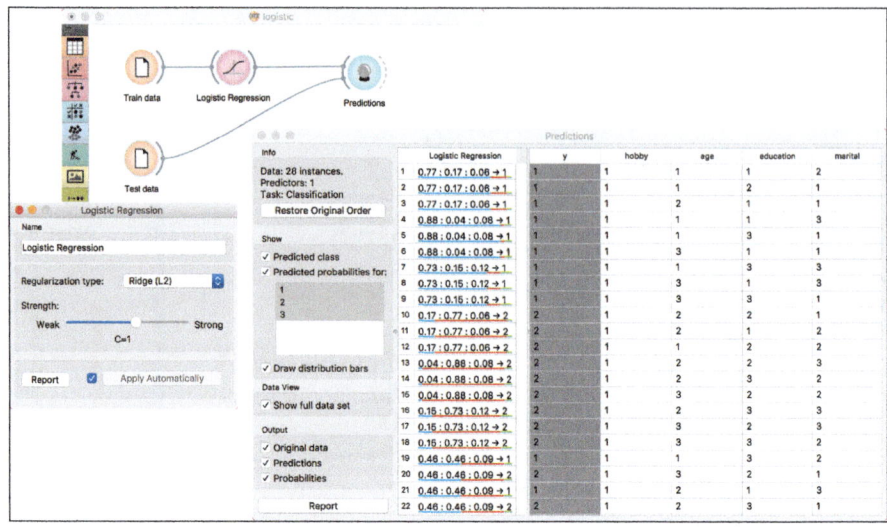

Ejemplo flujo de trabajo **Logistic Regression.** Fuente Orange.

5. Evaluación del modelo:

- Widget **Test & Score**

    Después de entrenar el modelo, se evalúa su rendimiento usando este widget, que se observa en la quinta imagen. En ella se muestran las métricas de evaluación como AUC, precisión, F1-score, etc.

Continúa en página siguiente >>

<< Viene de página anterior

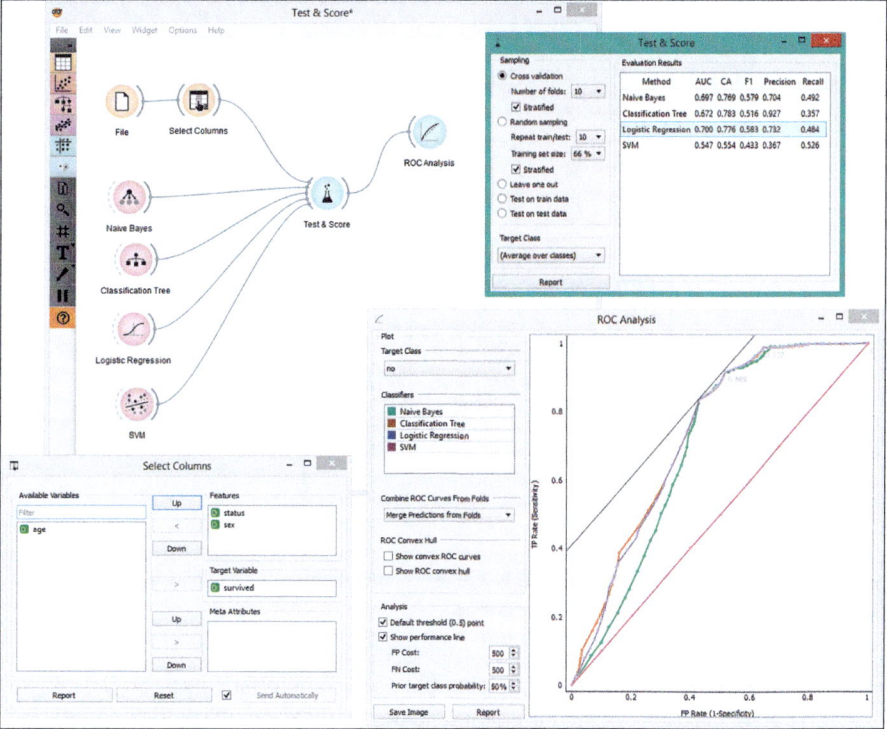

*Ejemplo flujo de trabajo **Test & Score.** Fuente Orange.*

Al mismo tiempo, se realiza una Análisis ROC para comparar el rendimiento del modelo con otras técnicas de clasificación como Naive Bayes, Árboles de Clasificación y SVM.

6. Visualización de los resultados:

• *Widget* **Confusion Matrix**

Finalmente, los resultados del modelo se visualizan a través de una matriz de confusión que muestra las predicciones correctas e incorrectas, permitiendo evaluar la efectividad del modelo en la clasificación de las distintas clases. Esto se puede observar en la última imagen, donde se compara la predicción de clases como Iris-setosa, Iris-versicolor, e Iris-virginica con los resultados reales.

Continúa en página siguiente >>

<< Viene de página anterior

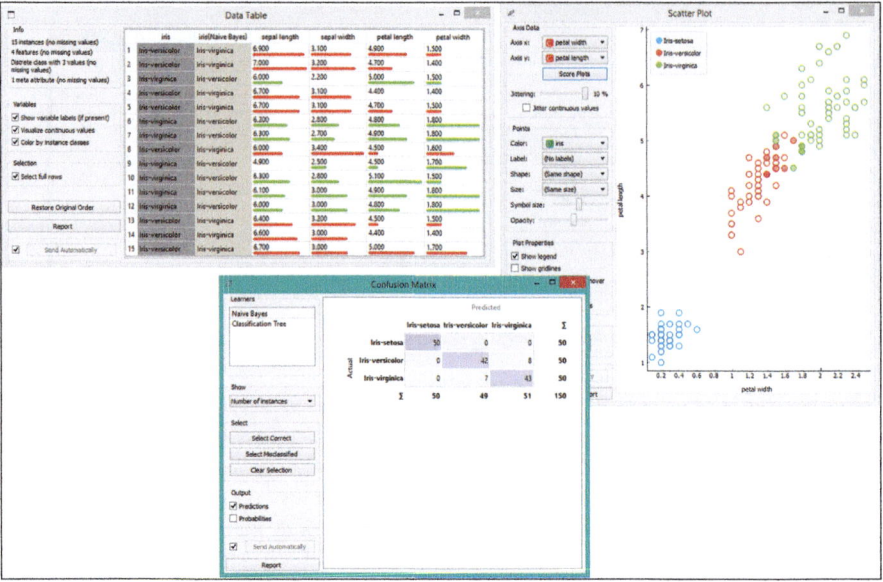

Ejemplo flujo de trabajo Confusión Matrix. Fuente Orange.

Este flujo de trabajo sirve de ejemplo para comprobar cómo con *Orange* se puede construir y evaluar un modelo de clasificación utilizando una interfaz visual intuitiva y potente. Este enfoque facilita la comprensión y el análisis de datos de forma estructurada y accesible.

TAREA 3

La empresa de Carlos, dedicada al sector automovilístico, quiere hacer uso del aprendizaje automático para hacer previsiones de ventas. Para ello creó un modelo de decisión con el que trabajar una importante base de datos.

Para iniciar el camino de construcción de este modelo de decisión, Carlos va a utilizar una base de datos del *widget* Datasets de *Orange* denominada Car Evaluation. Este conjunto de datos incluye seis atributos, entre los que está el precio de compra, el mantenimiento, el número de pasajeros y el tamaño del maletero. La idea es poder evaluar la utilidad de los vehículos desde el enfoque del consumidor.

Continúa en página siguiente >>

<< Viene de página anterior

Según esto, prepara un modelo de *machine learning* paso a paso para ser entrenado, creando un flujo de trabajo en la plataforma de *Orange* con árboles de clasificación.

---

7. Integración en plataformas de terceros, páginas web y redes sociales

 **HILO CONDUCTOR**

La integración en redes sociales es esencial para mantener una comunicación constante y efectiva entre la ciudad y sus habitantes. TechCity Solutions utiliza plataformas como *X*, *Facebook* e *Instagram* para informar a los ciudadanos sobre eventos, emergencias, actualizaciones de tráfico y nuevos servicios. Además, se utilizan *chatbots* en redes sociales para responder automáticamente a preguntas frecuentes y recoger opiniones y sugerencias de los ciudadanos.

La integración de sistemas de inteligencia artificial y *big data* en plataformas de terceros, páginas web y redes sociales se vuelve aún más poderosa con la tecnología 5G. Esto permite una interacción más fluida y personalizada con los usuarios, así como una recopilación y análisis de datos más exhaustivos en tiempo real, lo cual sirve de impulso para la toma de decisiones empresariales y mejorar la experiencia del cliente.

La integración de IA en plataformas de terceros, páginas web y redes sociales requiere de una gestión cuidadosa de incidencias y una toma de decisiones responsable. Al seguir estos principios, se puede garantizar una implementación efectiva que maximice los beneficios de la IA mientras se minimizan los riesgos y se asegura el cumplimiento ético y legal.

A continuación, se describen algunas pautas importantes que permitan una gestión de resolución de incidencias, conflictos y problemas durante la integración de la IA en plataformas de terceros, páginas web y redes sociales:

1. **Identificación de incidencias y problemas.** Antes de resolver cualquier problema, es fundamental identificarlo correctamente. Las incidencias

pueden variar desde errores técnicos hasta problemas de compatibilidad o preocupaciones de nivel ético.
Pasos para la identificación:

- ☻ **Monitoreo continuo.** Utilizar herramientas de monitoreo para supervisar el rendimiento y la funcionalidad de la IA.
- ☻ **Recolección de *feedback*.** Recoger comentarios de los usuarios para detectar problemas que pueden no ser evidentes a simple vista.
- ☻ **Revisión de *logs*.** Examinar los registros de actividad para identificar errores o comportamientos anómalos.

2. **Análisis de la incidencia.** Una vez identificado un problema, el siguiente paso es analizarlo para comprender su origen y alcance.
Métodos de análisis:

- ☻ **Diagnóstico técnico.** Revisar el código y la arquitectura para identificar errores de implementación.
- ☻ **Evaluación de datos.** Verificar la calidad y la integridad de los datos que la IA está utilizando.
- ☻ **Pruebas A/B.** Implementar pruebas controladas para comparar el rendimiento de diferentes versiones del sistema.

3. **Resolución de problemas.** Con el análisis en mano, ya se pueden desarrollar soluciones efectivas.
Estrategias de resolución:

- ☻ **Corrección de errores.** Modificar el código o los datos para corregir errores técnicos.
- ☻ **Ajustes en el modelo.** Refinar los algoritmos de IA para mejorar su rendimiento y precisión.
- ☻ **Actualizaciones y parcheos.** Implementar actualizaciones de *software* para solucionar problemas y mejorar la funcionalidad.

4. **Gestión de conflictos.** Durante la integración de la IA, pueden surgir conflictos entre equipos o con los propios usuarios de la aplicación.
Manejo de conflictos:

- ☻ **Comunicación efectiva.** Establecer canales claros de comunicación entre todos los involucrados.
- ☻ **Mediación.** Actuar como mediador neutral para resolver desacuerdos de manera equitativa.
- ☻ **Capacitación.** Ofrecer formación y recursos para ayudar a los equipos a adaptarse a los cambios tecnológicos.

5. **Prevención de futuros problemas.** Una vez resueltos los problemas, es importante tomar medidas preventivas.
   Medidas preventivas:

   ◔ **Pruebas regulares.** Realizar pruebas y auditorías periódicas para detectar problemas potenciales antes de que ocurran.
   ◔ **Mejora continua.** Implementar un ciclo de mejora continua basado en el *feedback* y los datos de rendimiento.
   ◔ **Documentación completa.** Mantener una documentación detallada de los problemas y las soluciones aplicadas para futuras referencias.

Es muy importante tomar decisiones responsables durante la Integración en plataformas de terceros, páginas web y redes sociales. La integración de IA en plataformas de terceros, páginas web y redes sociales debe realizarse de manera responsable, teniendo en cuenta las exigencias de la LOPDGDD y otras normativas más específicas que nacen relacionadas con inteligencia artificial. De partida, la LOPDGDD es la ley que proporciona un marco esencial para proteger los datos personales, garantizando que se respeten los derechos de los individuos y se mantenga la confianza del público.

 **RECUERDA**

Al tomar decisiones responsables, las empresas, organizaciones y profesionales no solo cumplen con la ley, sino que también demuestran su compromiso con la ética y la seguridad en el uso de tecnologías avanzadas como la inteligencia artificial.

Estos son los pasos que se dan antes de implementar un sistema inteligente en plataformas de terceros, páginas web y redes sociales:

1. **Evaluación del impacto.** Antes de integrar la IA, es esencial evaluar su impacto potencial en las plataformas y en los usuarios. Los pasos para la evaluación son:

   ◔ **Análisis de riesgos.** Identificar los posibles riesgos para la seguridad, la privacidad y la ética.
   ◔ **Consultas con *stakeholders.*** Involucrar a todas las partes interesadas para obtener una visión holística del impacto.
   ◔ **Pruebas piloto.** Implementar pruebas piloto para evaluar el impacto en un entorno controlado.

2. **Consideraciones éticas y legales.** La integración de IA debe adherirse a las normativas legales y a los estándares éticos. Los aspectos clave son:

   ☺ **Privacidad de datos.** Garantizar la protección de los datos personales y cumplir con las regulaciones como el GDPR.
   ☺ **Transparencia.** Asegurar que los usuarios comprendan cómo y por qué se utiliza la IA.
   ☺ **Equidad.** Evitar sesgos en los algoritmos que puedan perjudicar a ciertos grupos de usuarios.

3. **Toma de decisiones basada en datos.** Las decisiones deben fundamentarse en datos sólidos y análisis rigurosos. Los enfoques basados en datos son:

   ☺ **Análisis cuantitativo.** Utilizar métricas y análisis estadísticos para informar las decisiones.
   ☺ **Retroalimentación de usuarios.** Incorporar el *feedback* de los usuarios para ajustar y mejorar la IA.
   ☺ *Benchmarking.* Comparar el rendimiento con estándares de la industria para asegurar la competitividad.

4. **Implementación responsable.** La implementación debe ser cuidadosa y bien gestionada. Las estrategias de implementación son:

   ☺ **Despliegue gradual.** Introducir la IA de manera gradual para monitorear su impacto y hacer los ajustes necesarios.
   ☺ **Capacitación de usuarios.** Proveer formación y recursos para que los usuarios comprendan y se adapten a la IA.
   ☺ **Supervisión continua.** Monitorear continuamente el desempeño y el impacto de la IA para hacer mejoras continuas.

5. **Responsabilidad y rendición de cuentas.** Es fundamental mantener un sentido de responsabilidad y rendición de cuentas en todo el proceso de integración. Los mecanismos de responsabilidad son:

   ☺ **Auditorías regulares.** Realizar auditorías para asegurar el cumplimiento de las políticas y regulaciones.
   ☺ **Transparencia en la comunicación.** Mantener a los usuarios informados sobre los cambios y los motivos detrás de ellos.
   ☺ *Feedback loop.* Establecer un bucle de retroalimentación continuo para recibir y actuar sobre los comentarios de los usuarios y *stakeholders.*

 **EJEMPLO**

Un comercio electrónico decide integrar una solución de inteligencia artificial en su plataforma para mejorar la experiencia del usuario mediante recomendaciones personalizadas y *chatbots* automatizados. La solución de IA es proporcionada por un proveedor externo. Se topa con varios problemas a los que le busca la solución.

Problemas técnicos

Compatibilidad del sistema

Problema

La API del proveedor de IA no es completamente compatible con la infraestructura existente de la empresa de comercio electrónico, causa errores y mal funcionamiento.

Resolución

Se requiere una modificación significativa en la infraestructura tecnológica de la empresa para asegurar la compatibilidad, lo que implica tiempo y recursos adicionales.

Calidad de datos

Problema

La IA necesita grandes volúmenes de datos de clientes para funcionar correctamente. Sin embargo, los datos existentes están fragmentados y contienen inconsistencias.

Resolución

Se debe implementar un proceso de limpieza y unificación de datos antes de poder utilizar la IA de manera efectiva.

Conflictos internos

- Resistencia al cambio

Continúa en página siguiente >>

<< Viene de página anterior

Problema

Algunos empleados del departamento de TI y del equipo de atención al cliente muestran resistencia a la integración de la IA, preocupados por la posible pérdida de empleo y la alteración de los procesos de trabajo existentes.

Resolución

Se organizan sesiones de formación y talleres para explicar los beneficios de la IA y cómo puede mejorar su trabajo, además de ofrecer seguridad sobre la preservación de sus roles con nuevas responsabilidades.

• Prioridades divergentes

Problema

El equipo de *marketing* está ansioso por lanzar la nueva funcionalidad de IA para capitalizar las campañas de ventas estacionales, mientras que el equipo de TI insiste en realizar más pruebas para asegurar la estabilidad del sistema.

Resolución

La dirección establece un cronograma equilibrado que permite suficiente tiempo para pruebas sin comprometer las fechas clave de las campañas de *marketing*.

Problemas éticos y legales

• Privacidad de datos

Problema

La integración de IA implica el manejo de datos sensibles de clientes, lo que plantea preocupaciones sobre el cumplimiento de la LOPDGDD y el GDPR.

Resolución

Se debe realizar una evaluación de impacto de protección de datos (DPIA) y ajustar las políticas de privacidad para asegurar el cumplimiento legal, incluyendo la obtención de consentimiento explícito de los usuarios para el uso de sus datos en IA.

• Transparencia y sesgo

Continúa en página siguiente >>

<< Viene de página anterior

Problema

La IA comienza a mostrar recomendaciones que, aunque optimizadas para ventas, resultan ser sesgadas y no inclusivas, lo que afecta negativamente a ciertos grupos de usuarios.

Resolución

Se revisa el modelo de IA para identificar y corregir los sesgos, además de establecer mecanismos de transparencia para que los usuarios entiendan cómo se generan las recomendaciones.

Antes el escenario de conflicto con el proveedor de IA, el comercio electrónico detecta que el proveedor de IA ha subcontratado parte del desarrollo a terceros sin notificarlo previamente. Esta situación genera varias preocupaciones: relacionadas con la calidad y control, la seguridad de los datos.

1. La empresa teme que la subcontratación afecte la calidad del servicio y el control sobre los datos.
2. Existen preocupaciones sobre la seguridad de los datos, al ser manejados por múltiples entidades.

La resolución del conflicto parte de una reunión de negociación. La empresa organiza una reunión con el proveedor de IA para discutir las implicaciones de la subcontratación. Se establece la necesidad de un mayor control y supervisión sobre cómo y dónde se manejan los datos. Luego, se revisan y ajustan los términos del contrato para incluir cláusulas específicas sobre la subcontratación y la protección de datos, se incorpora un requisito de notificación previa y aprobación para cualquier futura subcontratación, se acuerda realizar auditorías de seguridad periódicas para asegurar que los datos se manejan de acuerdo con las políticas de la empresa y la LOPDGDD, donde el proveedor de IA debe proporcionar informes detallados sobre las medidas de seguridad implementadas por los subcontratistas.

Abordar problemas de manera proactiva y colaborativa, asegurando el cumplimiento de las leyes de protección de datos y manteniendo la transparencia y la comunicación abierta, es esencial para una implementación exitosa y responsable de sistemas inteligentes.

8. Resumen

El procesamiento del lenguaje natural (NLP) requiere de técnicas como la conversión de texto a voz (TTS) y voz a texto (STT), lo que facilita la interacción entre humanos y máquinas.

Text to speech (TTS)
Técnicas como la conversión de texto a voz.

Speech to text (STT)
Técnicas de conversión de voz a texto.

Herramientas como *Gemini* y *Vertex* AI permiten generar código basado en descripciones en lenguaje natural. Esto permite simplificar el desarrollo de *software* y aplicaciones, especialmente en contextos de *big data* y *blockchain*.

La integración de IA en plataformas de terceros, páginas web y redes sociales mejora la funcionalidad y la experiencia de las personas usuarias. Herramientas como *Orange* y *Weka* permiten la visualización interactiva de datos y la creación de flujos de trabajo eficientes. Estos flujos de trabajo incluyen multitud de algoritmos de *machine learning* y bases de datos propias, lo que facilita la toma de decisiones y el manejo responsable de programas y algoritmos de IA en entornos dinámicos.

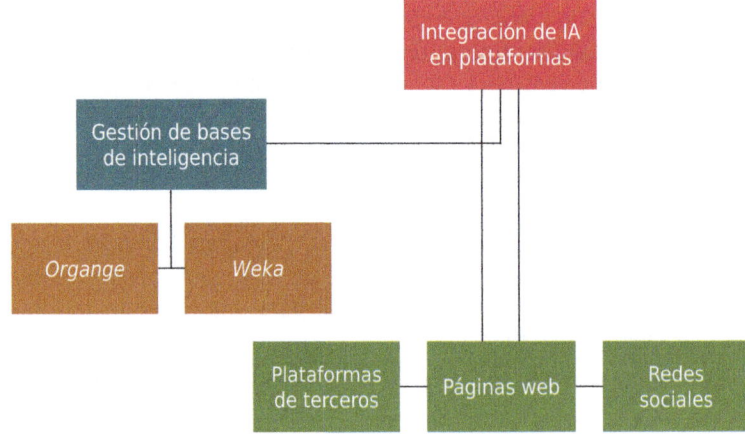

Ejercicios de autoevaluación
Unidad de Aprendizaje 1

1. Indica si las siguientes afirmaciones son verdaderas o falsas:

a. La era digital está marcada por un volumen de datos sin precedentes. Esto impulsa la necesidad de utilizar tecnologías
avanzadas para procesar y analizar los datos con eficiencia
y eficacia.

- Verdadero
- Falso

b. El siglo XXI ha sido testigo de una explosión sin precedentes
en la cantidad de datos generados por individuos, empresas
y dispositivos. Este fenómeno ha dado lugar al paradigma de
las TIC, concepto que hace referencia a la gestión y análisis
de conjuntos de datos extremadamente grandes y complejos
que no pueden ser manejados por las herramientas de procesamiento de datos tradicionales.

- Verdadero
- Falso

c. *Big data* ha revolucionado la recolección de información, la
infraestructura de almacenamiento, los repositorios analíticos,
los métodos de análisis y los objetivos empresariales. Este
cambio ha sido fundamental para la evolución de las estrategias de negocio y la toma de decisiones basadas en datos.

- Verdadero
- Falso

**2. ¿Cuál es el proceso estructurado que permite a las empresas trans-
formar grandes volúmenes de datos en inteligencia accionable?**

a. Recopilación, almacenamiento, procesamiento, análisis e
interpretación de datos.
b. Recolección, análisis, implementación y distribución de datos.
c. Obtención, transformación, transporte y aplicación de datos.
d. Almacenamiento, análisis, interpretación y publicación de
datos.

3. ¿Cuál es uno de los principales beneficios de construir un proyecto de *big data* para una empresa?

    a. Reducir el número de empleados necesarios.
    b. Mejorar la toma de decisiones y personalizar la experiencia del cliente.
    c. Aumentar la cantidad de datos almacenados.
    d. Apostar por la tecnología innovadora para ganar visibilidad.

4. ¿Qué importante beneficio ofrecen herramientas como *Power BI, Grafana* y *Tableau*?

    a. Almacenamiento seguro de grandes volúmenes de datos
    b. Reducción del tamaño de los conjuntos de datos
    c. Eliminación de la necesidad de algoritmos de aprendizaje automático
    d. Visualización atractiva de datos para obtener *insights* y tomar mejores decisiones.

5. ¿Por qué es crucial el proceso de iterar en la última fase de un proyecto de *big data* en un entorno VUCA?

    a. Porque garantiza la seguridad de los datos.
    b. Porque permite reducir costes operativos.
    c. Porque asegura una rápida adaptación y respuesta a los cambios rápidos y necesidades cambiantes.
    d. Porque facilita la eliminación de datos redundantes.

6. ¿Cuál es la misión principal de un arquitecto de datos en un entorno de *big data?*

    a. Realizar análisis de datos y generar informes.
    b. Diseñar y mantener la infraestructura para gestionar el ciclo de vida completo de los datos.
    c. Crear algoritmos de aprendizaje automático.
    d. Supervisar la seguridad de la base de datos.

7. ¿Cuál de las siguientes opciones es una biblioteca de aprendizaje automático que se ejecuta sobre *Hadoop* y permite construir y aplicar algoritmos de *machine learning* directamente en un clúster de *Hadoop?*

    a. Apache Spark
    b. Hive
    c. HDFS
    d. Apache Mahout

8. ¿Cuál de las siguientes herramientas se utiliza para ejecutar consultas y transformaciones de datos en *Hadoop* utilizando SQL?

    a. Apache Spark
    b. Apache Mahout
    c. Hive
    d. HDFS

9. ¿Cuál de las siguientes opciones describe mejor los datos semiestructurados?

    a. Los datos que están organizados en un formato fijo, como tablas en bases de datos relacionales.
    b. Los datos que son organizados en estructuras de árbol jerárquicas, como XML o JSON.
    c. Los datos que no siguen un formato predefinido, como textos libres o imágenes.
    d. Los datos que tienen una estructura flexible que no se ajusta completamente a un modelo rígido, pero contienen etiquetas y elementos organizativos.

10. ¿Cuál es una de las principales diferencias entre las redes neuronales profundas y los sistemas expertos?

    a. Las redes neuronales profundas utilizan reglas basadas en conocimiento para tomar decisiones, mientras que los sistemas expertos aprenden patrones de datos.
    b. Las redes neuronales profundas están formadas por múltiples capas de neuronas artificiales que procesan datos jerárquicamente, mientras que los sistemas expertos aplican reglas predefinidas y conocimientos específicos.

c. Los sistemas expertos están inspirados en la estructura del cerebro humano, mientras que las redes neuronales profundas emulan el juicio de un ser humano.

d. Las redes neuronales profundas se utilizan principalmente en diagnóstico médico y asesoramiento financiero, mientras que los sistemas expertos son aplicados en reconocimiento de imágenes y procesamiento de lenguaje natural.

Glosario

Algoritmo de aprendizaje automático
Conjunto de instrucciones lógicas diseñadas para permitir que una máquina aprenda patrones a partir de datos y realice tareas específicas sin una programación explícita.

API (interfaz de programación de aplicaciones)
Conjunto de reglas y protocolos que permiten a diferentes aplicaciones comunicarse entre sí y compartir datos y funcionalidades.

Big data
Conjunto de tecnologías capaces de almacenar, procesar y analizar datos extremadamente grandes y complejos que requieren técnicas especiales de procesamiento para extraer información significativa.

Data mining
Proceso de descubrimiento de patrones y relaciones en grandes conjuntos de datos para identificar información relevante.

Deep learning
Subcampo del aprendizaje automático que utiliza redes neuronales artificiales con múltiples capas de procesamiento para modelar y aprender patrones complejos en datos.

Exploración de datos
Proceso de utilizar datos recolectados para obtener información valiosa y aplicar esos conocimientos para tomar decisiones basadas en información de valor.

Innovación tecnológica
Introducción de nuevas tecnologías o la mejora significativa de las existentes para resolver problemas, mejorar procesos y crear nuevas oportunidades.

Inteligencia artificial (IA)

Campo de la informática que se centra en el desarrollo de sistemas y algoritmos capaces de realizar tareas que normalmente requieren inteligencia humana, como el aprendizaje, la percepción, el razonamiento y la toma de decisiones.

Machine learning (aprendizaje automático)

Subcampo de la inteligencia artificial que se centra en el desarrollo de algoritmos y modelos que permiten a las máquinas aprender patrones a partir de datos y mejorar su rendimiento con la experiencia, sin necesidad de programación explícita.

Redes neuronales

Modelo computacional inspirado en el sistema nervioso central de los humanos, utilizado en el aprendizaje automático para modelar y resolver problemas complejos basados en datos.

Sesgos tecnológicos

Tendencias o prejuicios no intencionados introducidos en el diseño o funcionamiento de tecnologías, que pueden derivar en resultados injustos o no equitativos.

Tecnología 5G

Quinta generación de tecnologías de redes móviles. Ofrece velocidades de datos significativamente mayores, menor latencia y mayor capacidad para soportar un número masivo de dispositivos conectados.

Tecnología inmersiva

Tecnología que crea una experiencia digital envolvente, como la realidad virtual (VR) y la realidad aumentada (AR), que permite a los usuarios interactuar con entornos digitales de manera más natural y efectiva.

Visualización de datos

Representación gráfica de datos e información para facilitar la comprensión, el análisis y la interpretación de patrones, tendencias y relaciones en los datos.

Bibliografía

→ BODEN, M.: *Inteligencia artificial*. Madrid: Colección AZ, 2022.

Libro que trata sobre los desafíos éticos de la inteligencia artificial.

→ GILBERT, M.: *El diseño de sistemas expertos en inteligencia artificial utilizando prólogo*. Publicación independiente, 2021.

Libro que aborda cómo construir la representación del conocimiento en un sistema experto.

→ LÓPEZ Benítez, Y.: *Business Intelligence*. Antequera: IC Editorial, 2019.

Publicación que abordar las tecnologías que conforman la inteligencia de negocios.

→ LÓPEZ Benítez, Y.: *Transformación digital en la empresa*. Antequera: IC Editorial.

Publicación que abordar el proceso de transformación de las organizaciones en la era digital.

→ LÓPEZ Benítez, Y.: *Inteligencia artificial aplicada a la empresa*. Antequera: IC Editorial, 2022.

Publicación que aborda la implementación de la IA en las organizaciones.

→ LÓPEZ Benítez, Y.: *Introducción a la inteligencia artificial y los algoritmos*. Antequera: IC Editorial, 2023.

Publicación que aborda los fundamentos básicos de la IA y los algoritmos de aprendizaje automático.

→ MIRALLES Solé, J.: *Proyectos de Inteligencia Artificial*. Autopublicación, 2020.

Libro que da respuesta a cómo se abordan los proyectos de inteligencia artificial en la empresa actual.

Textos electrónicos

→ Aprendizaje adaptativo: cómo aplicarlo en el aula y el trabajo, de: <https://blogthinkbig.com/aprendizaje-adaptativo-como-aplicarlo-aula-trabajo>.

Artículo que trata sobre las plataformas de aprendizaje adaptativo.

→ El desarrollo de las tecnologías TIC y los dispositivos inteligentes ha traído consigo un incremento desmesurado del flujo mundial de datos, de: <https://es.statista.com/temas/3604/big-data/#topicOverview>.

Artículo que proporciona una visión general sobre el mundo de los datos destacando la importancia y el impacto del *big data* en el mundo actual.

→ *How much data comes from the IoT?* De: <https://www.sumologic.com/blog/iot-data-volume/>.

Informe sobre el volumen de datos que las tecnologías IoT pueden generar.

→ Librerías más usadas en *Python,* de: <https://decodigo.com/2019/03/librerias-mas-usadas-python.html>.

Artículo web que aporta recursos interesantes sobre el uso de librerías de *Python* para principiantes.

→ ¿Qué es el procesamiento del lenguaje natural (NLP)? De: <https://www.ibm.com/es-es/think/topics/natural-language-processing>.

Artículo que aborda en profundidad cómo las máquinas procesan el lenguaje natural, además de aportar recursos de interés.